送给孩子们最好的礼物!

Stilzitten Als Een Kikker

# 平静而专注
# 像青蛙一样坐定

·养育平静、专注和有觉察力的孩子·

〔荷〕艾琳·斯奈儿（Eline Snel）◎著　　孙承辉◎译　　祝卓宏◎审订

北京科学技术出版社

Stilzitten als een kikker  2010 by Eline Snel

Originally published by Uitgeverij Ten Have, Utrecht

Simplified Chinese translation copyright © 2023 by Beijing Science and Technology

Publishing Co., Ltd.

All rights reserved.

著作权合同登记号　图字：01-2023-0692

**图书在版编目（CIP）数据**

平静而专注：像青蛙一样坐定 /（荷）艾琳·斯奈儿著；孙承辉译. —北京：北京科学技术出版社，2024.5（2025.4 重印）

ISBN 978-7-5714-3138-9

Ⅰ.①平… Ⅱ.①艾… ②孙… Ⅲ.①家庭教育 Ⅳ.① G78

中国国家版本馆 CIP 数据核字（2023）第 127763 号

策划编辑：廖　艳
责任编辑：廖　艳
责任校对：贾　荣
图文制作：天露霖文化
责任印制：李　茗
出 版 人：曾庆宇
出版发行：北京科学技术出版社
社　　址：北京西直门南大街 16 号
邮政编码：100035
电　　话：0086-10-66135495（总编室）　0086-10-66113227（发行部）
网　　址：www.bkydw.cn
印　　刷：北京博海升彩色印刷有限公司
开　　本：710 mm × 1000 mm　1/16
字　　数：69 千字
印　　张：7.75
版　　次：2024 年 5 月第 1 版
印　　次：2025 年 4 月第 3 次印刷
ISBN 978-7-5714-3138-9

定价：69.00 元

# 再版序

本书自出版问世以来便畅销全球，收获了全世界 100 多万家长的关注和认可。在英国、法国、美国、西班牙、阿根廷、挪威等国家，成千上万的孩子学会了通过"意大利面试验"进行放松，或者对"心灵之宝"充满好奇。这本书已经成为了孩子们的朋友。学校、医院等机构的儿童辅导和教育从业者们通过教孩子们进行正念练习，也收获了自己的幸福。对他们来说，这是一个平和的时刻，他们只专注于自己和面前的孩子。更重要的是，他们自己也曾经是孩子，正念练习使他们面对的是友好、柔软、温顺、专注、天真、灵巧、对人类的善意充满信任的孩子。我们有义务去唤醒孩子的这些珍贵品质，并使这些品质始终陪伴着他们。

在当今这个"看成绩"的社会，或许我们面临的最大挑战是如何不让孩子沦为"学习的机器"，或是只生活在自己精神世界里的"小小知识分子"。

要想舒适地生活在外部世界，我们必须首先学会了解和热爱自己的内心世界；要想做出明智的决定，我们必须理解心灵的语言；要想适应生活的节奏，我们必须学会保持平和。对我们所看到的、感觉到的、经历的一切保持平和，并把这些感受和经历当成一种体验。

每个人的内心都渴望和另一个心灵产生联系，这是正念的朴素本质，也是所有正念练习的精华所在。每个孩子内心深处最渴望的都是被倾听、被重视、被认可。

衷心感谢每一位家长及孩子，感谢他们仍然向往着一个更加美好的世界。在这个世界里，人们保持对他人的同情、内心的平和以及持久的专注，最终他们都能找到内心的归属。

艾琳·斯奈儿

# 序

人们总会自然地将童年与无忧无虑联系在一起。但是，正如拉布吕耶尔所说，儿童的无忧无虑其实是一种发自本能的智慧，即一种专注于当下的智慧。因此，儿童天生拥有一种正念的能力，这使得他们的生活比成人更轻松、更幸福。

正念是一种精神上的能力，它使我们专注于此时此刻，关注生活的每一个瞬间。这是许多正念疗法的基础，人们在此基础上保护、发展、巩固正念。[1]近年来的许多科学研究都证实了正念冥想的好处[2]，如今，它已经被越来越广泛地应用于医学[3]和心理治疗[4]领域。

儿童最初都是正念的"小专家"。然后他们逐渐长大，学会预测未来和回忆过去。随着大脑功能的不断发育，他们的表现和行为能力飞速地进步，但同时，他们感受痛苦的能力也会增强。正如《传道书》中所说："多有智慧，则多有愁烦。"

渐渐地，许多儿童开始失去，或者说不再使用他们这一宝贵的天赋。当然，他们可以在成年之后重拾这种能力。但与其那样，不如从现在就开始帮助孩子培养和保持这种奇妙的能力，岂不是更加简单易行吗？

这也正是本书的意义所在。

---

1 Tich Nhat Hanh. *Le Miracle de la pleine conscience*. L'Espace Bleu, 1996.

2 Rosenfeld F. *Méditer c'est se soigner*. Les Arènes, 2007.

3 Kabat-Zinn J. *Au coeur de la tourmente, la pleine conscience*. De Boeck, 2009.

4 Segal Z. et coll. *La Thérapie cognitive basée sur la pleine conscience pour la dépression*. De Boeck, 2006.

## 儿童可以进行正念冥想吗

就在几年之前，儿童正念冥想还是一个几乎未被探索的领域。

一方面，人们认为正念冥想对儿童来说难度较大，过于"脑力化"。现在人们已经知道，有用的冥想训练未必复杂，正念冥想便是如此——简单而有效。人们也已经明白，儿童完全有能力拥有自己真实而深刻的内心世界。此外，正念冥想有时并不像人们所认为的那样，很多时候，它是通过调动身体来进行的，而儿童完全可以理解肢体语言。

另一方面，人们认为儿童根本不需要正念冥想，因为他们没有痛苦，也几乎没有或很少会有焦虑……这是另一个错误！痛苦的的确确从童年时期就会出现。因此，我们应避免两种错误的做法：一是忽视，二是进行过度的药物或心理治疗。因为还有一种更加温和、更加环保，而且十分有效的治疗方法——正念冥想。

如今，已经有越来越多的研究证实了正念冥想对于儿童的益处[1]。这些研究涉及儿童的情绪平衡[2]、适应能力[3]、与家人交流的质量[4]，以及专注力，特别是在学校学习[5]时的专注力。研究同样指出了正念

---

1 Burke C. A. *Mindfulness-based approaches with children and adolescents : a preliminary review of current research in an emergent field. Journal of Child and Family Studies 2010*, 19 : 133-144.

2 Semple R. J. et coll. *Treating anxiety with mindfulness : an open trial of mindfulness training for anxious children. Journal of Cognitive Psychotherapy 2005*, 19(4) : 379-392.

3 Semple R. J. et coll. *A randomized trial of mindfulness-based cognitive therapy for children : promoting mindful attention to enhance social-emotional resiliency in children. Journal of Child and Family Studies 2010*, 19 : 218-229.

4 Reynolds D. *Mindful parenting : a group approach to enhancing reflective capacity in parents and infants. Journal of Child Psychotherapy 2003*, 29 (3) : 357-374.

5 Flook L. et coll. *Effects of mindful awareness practices on executive functions in elementary school children. Journal of Applied School Psychology 2010*, 26 : 70-95.

冥想对家长的好处 [1]，甚至是必要性。

## 为什么要鼓励孩子进行正念冥想

教孩子学会正念冥想是一个绝妙的主意。想一想，我们目前对孩子的要求是否过于苛刻，或是有一种近乎极端的完美主义？为了让自己的孩子成为最优秀的那一个，我们是否任由那些艺术活动、体育活动、校园活动压得孩子喘不过气？

正念冥想是一种不同于其他活动的活动，它有着更大的"野心"。

正念对于那些过度紧张、注意力不集中、焦虑的孩子很有帮助，它能帮助孩子们集中精力，放松身心。当然，它也能使孩子们更好地应对各种压力和干扰，以及现代生活方式所带来的过度刺激（不论成人 [2] 还是儿童 [3]，假如对这些刺激不加辨别而又不去拒绝，他们的精神世界将被毒害）。

正念是一种工具，能够帮助孩子面对一切。但它的作用还远不止于此：它能让孩子变得更有人情味，而不仅仅是机械地学习和生活；它能及早地培养孩子面对世界，正确、合理地处理所遇到问题的能力。

英国诗人华兹华斯曾有："儿童乃是成人的父辈老叟"这样的表达。我深信，正念能够帮助孩子成为更好的大人。

## 正念，充满人情味

当我还是个小男孩的时候，喜欢独自一人骑着自行车穿行于乡间，

---

1 Coatsworth J. D. et coll. *Changing parent's mindfulness, child management skills and relationship quality with their youth : results from a randomized pilot intervention trial. Journal of Child and Family Studies 2010*, 19 : 203-217.

2 Kasser T. *The High Price of Materialism*, MIT Press 2002.

3 Bakan J. *Nos enfants ne sont pas à vendre. Comment les protéger du marketing.* Les Arènes, 2012.

然后在田野或林中空地停下来，躺在草地上，看天空中飘浮的云朵。我可以就这样一直躺好几个小时，这不就是正念嘛，我甚至不知道自己正在练习它。

我觉得，正是这样的时光对我的人生起了决定性的作用，使我成为今天的我。我在电视机、手机、电脑前度过同样的时长，它们却从来没有塑造过我。

我想，不论是家长还是教育者，都应当让孩子们有机会度过一些这样的时光。对孩子，对其他人，对我们的地球来说，这都是一件至关重要的事。

就在几年前，我在华兹华斯的诗《彩虹》中发现了上文提到过的那个句子："儿童乃是成人的父辈老叟"。诗里是这样写的：

> 每当我望见天边的彩虹，
>
> 我的心便不由为之跳动：
>
> 在我生命的开始，它就已悬挂天空；
>
> 我现已长大成人，天边的彩虹依旧；
>
> 当我垂垂老去后，它还会笑傲苍穹，
>
> 还是让我死去吧！
>
> 儿童已是成人的父亲；
>
> 我希望我的日子在对自然的敬畏中，
>
> 一天接一天地度过。

正念让我们敬畏自然、尊重生命、尊重自我，为我们铺就了一条充满惊奇的路。

当我们教孩子进行正念冥想的时候，我们为他们提供的帮助其实远比我们想象的多。因为我们是在帮他们守护人类的本能。按照本书中提供的练习，和孩子一起度过一些正念时光，这或许是我们能送给孩子最好的礼物。

这份礼物将使孩子受益一生。

巴黎圣安妮医院知名医生　克里斯托夫·安德烈

孩子既不关注过去，也不畅想未来，他们享受着当下。而我们，常常忽略了这一点。

——让·德·拉布吕耶尔《品性论》

# 目录

# 1

# 儿童和正念

## 我的身体想睡觉，大脑却不想，怎么办

    我女儿5岁的时候入睡困难。她常常问我："如果我的身体很累，大脑却不累，怎样才能睡着呢？"有时，直到晚上10点还睡不着，她就会起床。她变得越来越累。各种各样的念头浮现在她的小脑袋中。总有一些可怕的事情让她难以入睡：汤姆不想跟她玩了；她的小金鱼死了；有人躲在她的床下想要伤害她。我用尽了办法：给她讲故事，洗热水澡，帮她做放松训练，用生气的口吻告诉

她现在必须像所有人一样去睡觉！但这些都没用。最终，我找到了一个解决办法：告诉她少去倾听脑子里的那些想法，让自己的注意力慢慢往下移，从大脑一直移到腹部；不断这样尝试，直到自己平静下来。肚子里没有各种各样的想法，只有呼吸，它就像一个柔软的小球不停地一起一伏。这种温柔的、平缓的运动使女儿慢慢地进入梦乡。如今女儿已经 21 岁了，她还会经常做这个练习。

这个练习非常简单，它能让我们的注意力离开大脑，转移到腹部，没有了各种想法的干扰，一切都变得平和而安静。

**15**

这就是我和女儿进行的第一个练习，见音频练习 15。许多儿童喜欢在睡前进行这项简单的呼吸正念练习。

正念同样引起了家长们的兴趣，他们希望找到一种方法，帮他们摆脱头脑中不断产生的想法。人的想法是不会停止的，我们只能转移自己的注意力，或是不要把这些想法看得那么重要。

## 什么是正念

所谓正念其实很简单，就是以一种开放和友善的心态有意识地关注并理解当下。专注于自己当前所处的时间和地点，不判断、不拒绝，不被外界所影响。不去思考现在发生的一切，只是觉察它、注意它。

每当你清早起床，每当别人对你提出要求，每当你看到孩子的笑容，每当你面对大大小小的冲突时，你如果只是专注于这些时刻发生的事，就不会被自己的观点和判断所牵制。这样你便可以保存自己的精力，在事情发生的那一刻就觉察到它。这种有意识地关注当下，会让你自发地改变对自己和孩子的态度及行为。

这种改变的发生不是因为你感觉有必要，而是完全发自你的内心。

正念，就是感知阳光，感受流过脸颊的咸咸泪珠，在你生气、开心或身体不适的那一刻就去感受它们。你不需要做什么，也不用立刻做出回应或表达自己的想法。正念就是带着善意去觉察此刻发生的一切，关注当下的每一个瞬间。

正念冥想是当下十分流行的冥想方式。

## 为什么儿童需要正念

在这个处处有竞争和压力的时代，儿童和家长都迫切地希望找到一种身心安宁的状态。正念冥想正是对这种迫切需求的回应。然而，仅仅有安宁是不够的。

2008—2010 年，我为在校儿童研发了一套"艾琳·斯奈儿正念训练法"。这套训练方法是基于经典的成人 8 周课程而设计的。共有 5 所学校的 300 名儿童、12 名教师参加了培训。

培训历时 8 周，每周半小时课程，每天 10 分钟练习。这些练习在培训结束之后又持续进行了一整个学年，师生对此都表现出了很大的热情。孩子们在课堂上变得更加稳重、更加专注，思维也变得更加开阔。他们对自己和他人更友善、更信任，遇事不再很快就做出判断。

于是，许多家长问我能不能出一本书，让孩子在家里也可以继续进行练习。我曾经为教师、心理治疗医生和培训师编写过教材，但还

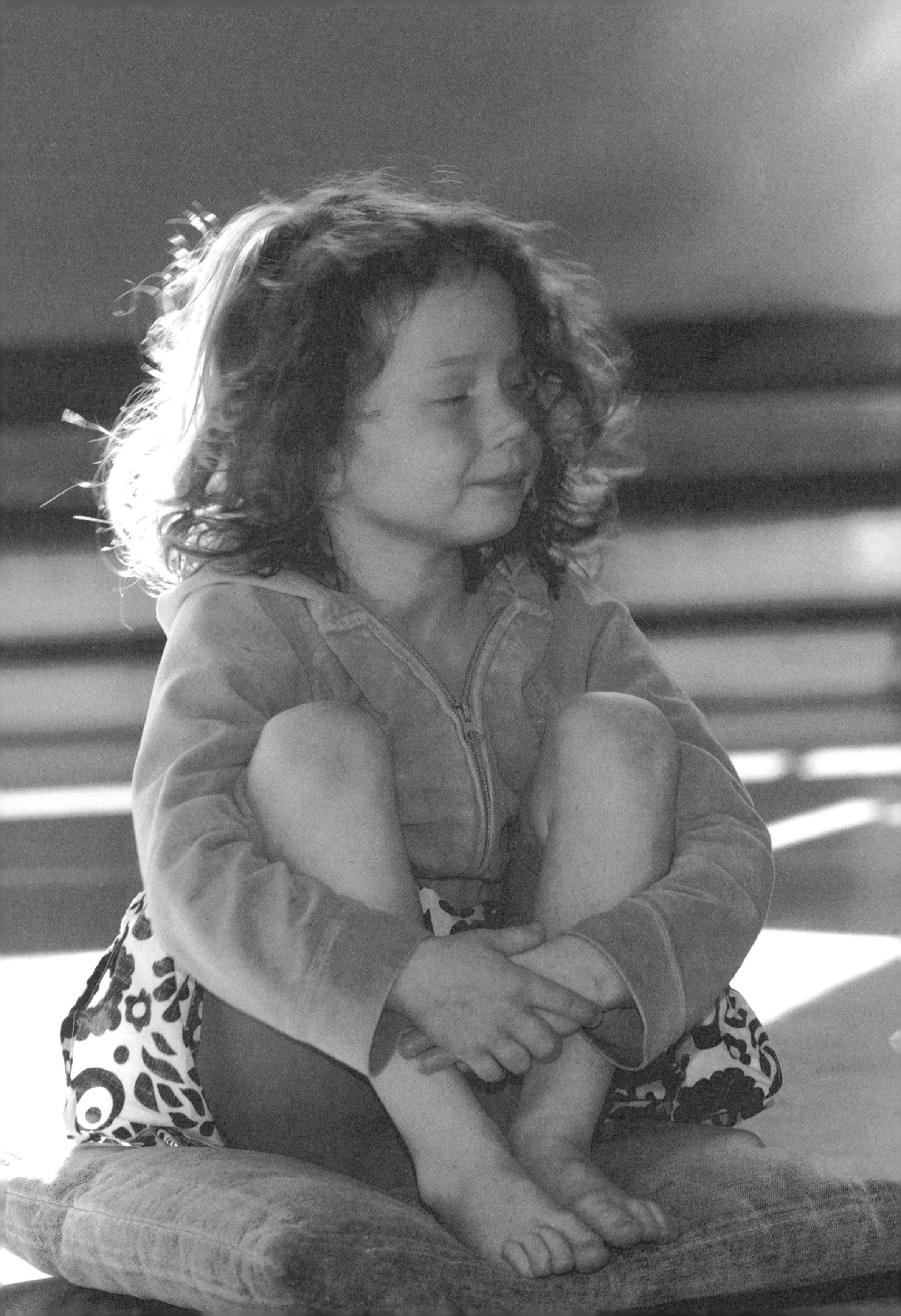

没有面向家长的书。于是有了本书。

## 儿童所学将使他们受益良久

儿童天生好奇心强。他们喜欢学习，懂得关注，很容易和当下建立联系。不过，和成人一样，他们也时常会感到紧张、疲惫、担心、注意力不集中。他们还没能真正地做个孩子就已经长大成人。在社会关系上、情绪上，在家庭中、学校里，他们感到无所适从。何况他们还有太多的东西需要学习和记忆。他们始终被按下"前进键"，可"暂停键"在哪里呢？

通过正念练习，有意识地关心和专注于当下，孩子们学着停下来，喘口气，感受他们此刻的需求。这样他们就能从本能模式中抽离，更好地感知自己，学会接受生活的不完美，对不愉快的事情也抱有善意的关注。他们学会不隐藏、不掩饰，这能让他们更好地了解自己和他人的内心。

专心、耐心、信任、接纳，孩子们把自己学到的这些态度再传递给自己的孩子，由此便形成一个关心——接受——传递的良性循环。昨日已逝，明日未至，孩子们如同一棵棵小树苗，扎根于现在。他们拥有无限的生长空间，使他们能够成为自己。童年的所学、所得将伴随他们一生。

## 正念练习适合哪些儿童

本书介绍的正念练习适合 5 ~ 12 岁的儿童，可以帮助他们提高专注力，在焦虑时学会平静，更好地感受和理解自己的情绪。这些练

习还适用于那些希望接纳自己、获得更多自信的孩子。事实上，许多儿童对自己并没有正确的认知，总认为自己不够好、不够酷。他们反复思考，和自己的形象抗争，或出现自我封闭的倾向，或想方设法吸引他人的注意，或成为"温顺的羔羊"，或凡事以自我为中心，表现出一定的攻击性。

那么，这些练习是否同样适用于那些患有多动症、诵读困难和有孤独症倾向的儿童？答案是肯定的，上述儿童大多数都能参加这些练习，不过，正念不能彻底解决他们的问题，而是能教孩子们以另一种方式面对困扰他们的麻烦或问题（如喜欢胡思乱想、总忍不住想动、想到的事情立刻就想去做）。

# 2

# 专注的父母

同大多数父母都一样，对自己的孩子投入很多的关注。不过总有一些时刻，我们的注意力不在孩子身上，孩子自己也很清楚这一点："爸爸，你怎么不听我说话呀？""妈妈，我都已经跟你说了 10 遍了。"有时，听到孩子说这样的话，我们的反应会过于强烈，忙解释说我们听漏了，我们很抱歉，又觉得还是直接说清楚比较好——如果确实是没有听到，干脆坦白承认。

为什么我们有时会比自己所想的更冲动或紧张？其实，每个人都多多少少会受到童年经历的影响。所以，当 13 岁的儿子告诉我们，他知道自己应该在几点回家，而我们觉得很好笑时，我们其实并没有坦率地说出真实想法，而是受到自己小时候父母对自己所做反应的影响。

成为正念型的父母没有秘诀。其实，早在远古时期，人类就已经知道如何让别人认可和喜欢自己，这其中的关键要素就是友善、理解、开放和接纳。身体接触也是要素之一，比如摸摸头。

## 你无法阻止风浪

你不能控制大海，无法阻止风浪，但你可以学习冲浪，这也正是注意力练习的核心目标。

每个人都面临着很多问题，都会感受到压力和悲伤，都要协调和处理许多事情。如果你不只是单纯地想要解决问题，如果你能正视这些问题，而不是一味地去制止和平息，就不会因此而感觉自己应付不来，那么你就能真正地认清现实。当你能够客观地看待那些风浪，你就能以高度的专注力做出正确的选择和谨慎的行动。在这种情况下，如果你认识到自己的耐心已经被消耗殆尽，即将产生攻击性，一旦意识到这一点，你就拥有了选择的权利。你不会再轻易地被自己或他人的情绪牵引。你可以停下来，等一等，歇口气，观察一下局势，了解自己的所感、所思，以及自己希望怎么做。你能够分析出引起风浪的原因有哪些，以及自己的本能倾向，而不仅仅是为这些风浪担心。

"暂停键"能帮上你的忙（详见音频练习 8）。暂停——呼吸练习能为儿童和家长创造一些空间，这个空间足以阻止我们做出冲动的决定。

**8**

*丹尼尔的两个孩子都很吵。面对他们得不到自己想*

要的东西时所提出的无理要求，丹尼尔真的很想发火。

　　"有时，我在接听重要的电话，老大却不停地打断我，问我要糖吃；有时，当我急急忙忙地赶到学校去接老二，他却说：'我不跟你走，我要和同学一起走。'真让人火冒三丈。每当这时，我总是忍不住发火。不一会儿，我和孩子就成了势不两立的'敌人'。我会不自觉地抬高音量，一把抓住孩子，希望他按照我的意愿去做，最后却发现这样做根本就没用。我为自己的行为感到羞愧，因为我本想为孩子树立一个好的榜样，但我没能做到。我和孩子感觉都很累。"

## 学习冲浪

　　"学习冲浪"最重要的一个步骤就是暂停，要有时间来观察，观察风浪的形势。

　　暂停，就是在你所处的情况下为自己提供新的可能，而不是以一个受挫者的角色做出本能反应。你可以带着更多的理解，做出更加冷静的决定，而不至于冲动失控。这样你就会明白，问题不仅在于形势，也在于你做出怎样的反应。

　　丹尼尔说："现在我还常常会为了同样的事情而生气。但我已经学会不立刻做出本能反应。我意识到自己的忍耐度很低，并且接受了这一点。说话和做事前，我会深呼吸几次。这带给我的改变是巨大的。"

　平静而专注　像青蛙一样坐定

冲浪不是一项简单的运动。你既不能猛击浪花，也不能使浪花变小。海浪忽高忽低，来去都有自己的节奏。有时风大浪急（如朋友离婚了、母亲生病了、工作岗位受到威胁了），有时风平浪静。如果我们能先观察一下这些风浪，而不是急着做出反应，那我们的生活就能变得更加从容。

## 逆风、逆潮冲浪

我 25 岁，儿子刚刚出生。新生儿散发出的气味对我来说就像来自异域的芬芳。这是我的第一个孩子，我非常爱他。

"我感觉自己仿佛生活在幸福的云端。这个小宝贝是那么可爱，那么纯洁无瑕！但是，当我发现他总是哭个不停时，我的讶异和慌乱难以言表。他小脸通红，满脸泪水。我一把他放到小床上，他就开始大哭，好像身体里面有一个不会枯竭的'蓄泪池'。他好像生怕我不知道他的存在似的。随着他哭闹的动静越来越大，我的挫败感和怒火也随之高涨。我必须调动自己的所有注意力和耐心才能强忍着失望，不一把抓住他，把他丢到床上，告诉他：'现在，立刻，马上，别再哭了！'可这并不是我想要的！"

我常常为儿子无休无止的哭闹，以及自己得不到休息而感到绝望，也为自己不是一位合格的母亲而失望（如果我是合格的母亲，为什么我的孩子总是不停地哭呢）。当我意识到自己的疲惫并开始自我怀疑（除了我，大家都有办法能让孩子不哭）时，我最终接受了我的孩子是一个"爱哭鬼"这件事。因此，我改变了对这件事的态度：

· 我最终接受这样一个现实：我有一个爱哭的孩子，我是一个筋疲力尽、处于崩溃边缘的年轻妈妈。

· 我承认，幸福的云端生活和完美的妈妈都不是现实，现实中只有干不完的活、睡不饱的觉和喂不完的奶。我比自己想象中更加焦虑。我的孩子跟我在育儿杂志上看到的小天使简直有天壤之别。

· 我对现实的认识和接受现实的态度使得压在我肩上的重担变轻了。我停止抱怨，开始积极应对：爱哭的孩子和不爱哭的孩子一样需要我的爱。我感受他细嫩的皮肤，感受他的小心脏的跳动，我发自内心地接受他，比刚开始更能接受他的哭声了。我贴近他，轻轻摇晃，直到他哭声渐弱，慢慢停下来。放松、呼吸、接受、迎接。

· 一位年长的助产士教会我如何摇晃孩子，怎样给孩子喂奶。她还教会我如何给自己留出时间，不要沉浸在和现实的抗争中。"你要像一棵柔软的小树那样，学会弯腰。"这是她给我的建议，为我带来了从未有过的从容和放松。我懂得了专注当下，用心陪伴在我最在乎的孩子身旁。

最终，我成功地改变了我和儿子的关系，我不再去定义自己应该成为什么类型的母亲，他应该成为什么类型的儿子。我决定尽我的全力，只是简单地做一个母亲，一个有优点也有缺点的母亲。我惊讶地发现自己变得更加专注和好奇。我逐渐放下了批评的眼光，不再苛求事情朝着既定的方向发展。就这样，一种健康而甜蜜的关系开始萌芽，爱、尊重、幽默和开放，这些养分使我们成长为坚韧的参天大树，在这个过程中，我们都学到了很多，相互给予快乐。如今我的儿子已经31岁，他也有了自己的第一个孩子，正以自己的方式爱着孩子。

## 接纳、陪伴和理解

有 3 个特质能更容易让孩子完成家长布置的任务（通常是苛刻的）：接纳、陪伴和理解。这 3 个特质使人开放，能以不带偏见的眼光看到孩子和自己本来的样子，而不是自己或别人希望成为的样子。这样，孩子就能获得最基本的安全感，从而变得自信。

**接纳**是这样一种态度：承认事物本来的样子，不管它是可爱、平庸，还是有些无趣……关注此刻正发生的事情，而不要受自己的期待和上周发生事情的影响。崭新的、开放的眼光使人关注当下。

**陪伴**就是简简单单地在这里，坦率而慷慨，不立刻做出判断。陪伴眼前握着你的小手，陪伴孩子去上学，在那些生气的时刻陪伴，在一切幸福的、不幸的、日常的，还有其他所有的时刻陪伴。你陪伴孩子的时间越多，错过的就会越少。这一切无关好坏，你只要在这里就好。陪伴使你和孩子之间产生必不可少的联系。

**理解**能让你在无法保持友好、"天使的耐心"耗尽、无法成为理想型家长的时刻保持真实。理解就是当孩子的行为不符合你的期待时，

当他在应该安静的时候大吼大叫时，在收到奶奶的礼物后忘记说"谢谢"时，在他觉得你太过严格而表现出不可爱时，你都保持真实。

当你们不再相互依赖的时候，理解就建立起来了。持久而无条件的爱也会经历起起落落。

## 如何进行正念练习

本书所附的音频练习可以跟随语音描述立刻开始进行。这些练习既是为儿童、也是为家长而准备的，灵感来源于针对成人的正念训练，目的是教会人们在一天中的任何时刻放松、保持专注。

本书为相关练习提供指导和进一步补充。

你可以和孩子一起进行所有的练习。一些孩子喜欢独自练习，许多家长也喜欢这样。你可以在椅子上、长凳上或舒服地躺在床上独自进行正念练习。

除了音频提供的正念练习，本书中也介绍了其他可供亲子一起进行的练习。你可以在孩子练习的时候读给他听，也可以用自己的语言向孩子介绍这些练习。

书中每一部分都包含不同场景（购物、洗碗、饭后）下的有效建议，我们把它们称为"家庭练习"。通过这些练习，在孩子或自己身上你有时会有一些意想不到的发现。

## 借助音频进行正念练习的几点建议

### 规律地练习

熟能生巧。专注力的培养也是这样，只有规律地练习才能不断进步。为自己做一个计划，比如每周几次，在哪个固定的时间点进行。有些孩子尝试后就喜欢上这些练习，也有些孩子最初会表现出抗拒，因为他们觉得这些练习有些无聊或奇怪。你们可以约定好先练习几次，然后看看孩子有怎样的感受。

### 轻松地介绍

试着以有趣、幽默的方式向孩子介绍这些练习。如果孩子表现出抗拒，就告诉他你们可以晚些时候再尝试。

### 经常重复

每一次练习都是不一样的，每一个时刻也是不同的。因此，建议经常重复这些练习，这也是获得新体验的机会。

### 要有耐心

训练效果并不总是立竿见影的。所以，正如我们学习一门语言或一件乐器一样，一定要有耐心。毛毛虫不是一天就能变成蝴蝶的。

### 当孩子练习时，要肯定他

给予孩子支持是必不可少的。只有当别人夸我们做得好时，我们才有动力做得更好。

### 鼓励孩子说出自己的感受

练习结束后，让孩子用语言描述自己的感受。这并不是为了评判孩子做得好还是坏，而是一种让孩子感受当下的方式。大多数孩子都喜欢谈论自己的感受，但如果孩子不愿意说，那就不要强求。

# 3

# 专注始于呼吸

关注自己的呼吸很重要。将注意力集中在呼吸上，你便能关注眼前的事情。不是昨天，也不是明天，就是此时、此地。当下，才是最关键的。

呼吸伴随着人的一生。通过感受自己的呼吸，你可以观察到很多，例如你是紧张、平静，还是担心。你可以克制自己的呼吸，也可以自由地保持呼吸的频率。

一旦开始感受自己的呼吸，你便对自己的内心世界和当下有了更多的认识。你的专注力也会得到提升。

## 关注呼吸可以帮助你

当我对12岁的女儿说"现在，请你集中注意力"的时候，她有些不知所措，继而烦躁不安地说："我不知道该怎么做。我不知道怎样解决这些问题，我不会集中注意力，这一点你是知道的。我不想再上学了。"

从她一脸的沮丧和心不在焉的样子来看，显然，她没办法很好地集中注意力，也不会解决自己的问题。书本杂乱地摆在书桌上，女儿的脑子里乱糟糟的，而我的心里也不是滋味。面对她激烈的语言，我感到心烦意乱。我很累，觉得自己无能为力。我确实受够了。我给其他孩子上的课，对其他大人进行的培训，在我自己身上却一点用都没有。我应该继续理解并接纳她吗？是的。我是孩子的母亲，是她能够完全信任的人，而且她不用担心会被我责备。然而，这些想法并没有缓和气氛。我得想个办法，别让"战火"继续升级。一天，在一场火山爆发般的争吵后，女儿"砰"的一声摔上门，钻进楼上的房间，一头倒在了床上。在接下来的一阵寂静中，我感觉自己很无力。可是在这沉默中我还注意到了别的：我正在陪伴女儿。我就陪伴在她的旁边，在她痛苦时，不安时，害怕失败时。

我三步并作两步地爬上楼梯，轻轻地敲响了她的房门，问她我能不能进去。听到一句低声的回应后，我走了进去。女儿低声抱怨着，欠起一点身子。她同意让我进来，这正是一个适于关注呼吸的时刻，和女儿一起。我们都累了。我握住她的手，她倒在我的怀里，小声地说："妈妈，对不起。"我们都流下了宽慰的泪水。我们就这样相互依偎着待了20分钟，只是坐着，感受自己的呼吸。

"注意"是一个神奇的词汇，而呼吸只是注意的开始……

在一些紧张的时刻，比如考试前夕，或一场艰难的谈话开始之前，孩子们能够从呼吸中找到自己需要的帮助。

通过下面这个故事，你可以让孩子明白，即便是在他们非常紧张的时刻，呼吸也能帮助他们冷静下来，他们并不是非得在事情发生的那一刻就立即做出回应。

莎拉是一个10岁的小女孩。一天，她和家人一起骑自行车游玩的时候，不小心摔倒在一片生锈的铁栅栏上。裸露的膝盖瞬间流了好多血，莎拉大哭起来。妈妈赶紧冲过去，一边和莎拉说着话，一边轻轻地抚摸她的后背。爸爸已经打电话叫了救护车，妈妈继续跟莎拉说道："我知道你吓坏了，和妈妈说说话吧。你现在感觉怎么样？"莎拉回答说："我感觉快要吐了，又恶心，又害怕！"莎拉的身体开始颤抖。

"你最怕的是什么？"妈妈问。

"我害怕去医院，怕医生给我打针、做手术！"

"我们还不知道接下来会发生什么呢，"妈妈说，"不过，当你经历了痛苦的事情，至少有一件事情可以帮你，那就是呼吸。一边呼吸，一边观察自己的吸气、呼气，这能使你冷静下来，也能让你更加放松。当你整个人放松下来，你的疼痛也会减轻。这很有用。"

救护车来了。莎拉被抬到担架上。2小时后，她从医院出来了，膝盖上缠着厚厚的绷带。她的伤口缝了10针。朋友们问她是不是很疼，她回答说："是的，我当时非常紧张，不过妈妈在旁边陪着我，她告诉我，我应该关注自己的呼吸。这对我很有帮助。"当然，打针和缝针的时候很疼，但莎拉并没有慌张，她甚至还观察了医生是怎样为她治疗的。

在大大小小的困难面前，不论对儿童还是成人来说，关注呼吸都是很有益的。面对困难和压力，关注呼吸是走向正念的第一步，也是最关键的一步。不要立刻做出反应，而是将注意力集中到呼吸上。有意识地感受几次自己的吸气和呼气。

## 像青蛙一样坐定

"像青蛙一样坐定"练习是让孩子将注意力集中到呼吸上的一种很好的方式。我设计了这个练习，并经常和一些5～12岁的孩子在家里或学校进行练习，孩子们很容易就能理解，并且非常乐意进行这个练习。

**1/2**

# 几点建议

做"像青蛙一样坐定"练习时，你只需要为自己和孩子找一个安静的、不会被打扰的地方。

当你进行这个练习的时候，最好告知家人一声，让他们在整个练习过程中保持安静。

## 你可以这样向孩子介绍这个练习：

青蛙是一种奇怪的动物。它可以不停地跳跃，也可以静止不动。它能觉察到周围发生的一切，但并不是每一次都会做出反应。它只是安静地呼吸。这样，青蛙既不会觉得累，也不会受到大脑中各种想法的干扰。它总能保持冷静。当它呼吸的时候，它能完全保持安静。它的肚子总是这样升起来又降下去。

青蛙的这种做法，我们也可以做到。你唯一需要做的就是集中注意力，把注意力放在你的呼吸上，保持专注和冷静。

通过鼓励孩子做"像青蛙一样坐定"练习，你可以教会他：

**提高专注力**，从而提高他的记忆力；

**遇事不再冲动**（脑子里想到的事情不要不加思考就去做）；

**对自己的内心世界产生影响**，不指责，也不试图排斥内心的想法。

"像青蛙一样坐定"是一个重要的基本练习。

我们和来自荷兰阿默斯福特以及勒斯登的几所学校的孩子们在每天的不同时刻进行这个练习。孩子们有时候很难集中注意力，也为此有过痛苦和争吵。渐渐地我们注意到了孩子们的一些变化：他们能更快地完成作业，对同伴更加友好。他们开始为自己不用再急急忙忙，能够简单地坐着和专注呼吸而感到高兴。这个练习使他们平静和放松。

> 路易："我觉得呼吸是一件很棒的事情。我得到了休息，内心也更加平静了。"
>
> 托马斯："当妈妈第一次让我保持安静的时候，我不知道该怎么做。现在我知道了。我现在每天睡前都会进行'像青蛙一样坐定'的练习。"

练习专注不是一件想当然的事情。即使是有意识地去改变，一些根深蒂固的习惯也很难改变。通过观察自己的呼吸，孩子们会发现一些与明天有关的想法是多么容易扰乱他们的注意力。

> 我突然被外面传来的汽车声打断，心想一定是邻居要去游泳了，因为他每周二都去游泳。
>
> 于是我想到了自己的游泳课，以及去年度假的场景，去年我们度假的营地里就有一个游泳池，还有滑梯。

经常进行"像青蛙一样坐定"练习，你就能回到当下，并觉察到自己分心了。一旦注意到这一点，你就能回到自己的呼吸上，或者是自己正在忙的事情上。专注，始终在这里。

**3**

## 家庭练习

除了做音频练习时，我们在很多时候都可以观察自己的呼吸：看电视的时候，玩电脑的时候，感到有压力或痛苦的时候，起床或上床睡觉的时候。

你可以建议孩子在以下时刻有意识地关注自己的呼吸：

**当他们看电影表现出紧张的时候**

看完电影后问问孩子，是否注意到自己在某些时刻屏住了呼吸，这意味着什么。在他们高度紧张的时候，关注呼吸是否有帮助？

**当他们看起来非常幸福和放松的时候**

你可以问问孩子，这时他们的呼吸是深还是浅，有规律还是没有规律。问问他们对自己的呼吸有什么看法。

通过这种方式，孩子在焦虑、难过、放松和兴奋的时候就能更有意识地关注自己的呼吸。

# 4

# 练习专注

我们的感觉器官，即视觉、听觉、嗅觉、味觉和触觉器官在注意力学习中扮演着重要的角色。

我们常常会思考感觉给我们带来的信息，并且会据此进行解读和判断："夜晚一听到什么动静，我就以为是小偷来了。"大脑会根据我们的所见、所听、所感、所尝持续不断地产生一些瞬时的想法，这些想法并不都是令人开心的。在这个过程中，我们的期待和愿望是关键："他一定是想和我做朋友，因为他总是看我。"

如果你能和头脑中的想法保持一定的距离，并不加判断地使用自己的感官，那么你就能获得许多其他的体验。当你能真正地去感知而不让想法参与、评价的时候，你便能感知到更多真实的方面。这是一种神奇的感觉！

## 我来自火星

我们在一个由33名9～10岁孩子组成的班级中进行了一项小实验，让孩子们调动所有的感官。

我让孩子们想象自己来自火星。这立刻引起了他们的兴趣。

我让他们闭上眼睛、伸出双手，然后在他们的手上放2件他们熟悉的小物件。

他们一旦感觉手上有东西，就可以睁开眼睛看一看。不过只是看，什么都不能想。

因为他们来自火星，不知道手里的东西是什么。

他们看到了什么呢？"是一种不规则的东西。""是棕色和黑色的。"孩子们说。是什么味道的？"是一种植物的气味，但我不知道是什么植物。""这个味道不好闻，但我不知道它叫什么。"

我问："如果把这2件小东西放在耳边，你能听到什么？"一个孩子说："我听到哼哼声。"另一个孩子说："我听到一阵很小的刮东西的声音。"

随后，我让他们把东西放进嘴里，放在牙齿之间，然后咬下去，仔细感受它们的味道。教室里很安静，只有吃东西的声音。一个男孩说："我感觉有一个甜甜的东西在口中'爆炸'了。"另一个孩子喊道："哇，这个东西酸酸甜甜的。"其他的孩子也都这样说。

他们吃到的是什么呢？2 粒小小的葡萄干，他们经常吃的东西，但从来没有像刚才那样仔细地观察过它。

## "开放"的观察

以一种开放的方式，带着好奇心去观察，而不是立刻开始思考，这是孩子们能够理解的一门艺术。

人一旦长大就开始有自己独立的观点，对其他观点产生怀疑。许多孩子缺乏自信，认为自己不够好。

在一个普遍孩子年龄都更大一点的班上，我们进行了另一项观察练习。在一个大大的托盘上放着 12 件物品，要求是："以开放的眼光观察这些物品。30 秒后，我会用一块布把它们盖起来，请你们告诉我这些物品是什么。"

一个小女孩立刻生气地说："我不知道该怎么做，我什么也记不住。"为什么她连试都没试就说得这么肯定呢？我于是向她解释，很多时候我们的想法都不准确。她努力地集中精力，记住了 4 件物品。其他孩子也同样记住了 4 件，小女孩很惊讶。这项练习在同一周内又重复了 3 次，总共持续了 2 周。孩子们的成绩有了明显的提高。他们能更好地集中注意力，记忆力也得到了提升。更重要的是，他们喜欢上了这项练习！

# 家庭练习

有意识地观察并不是想当然的。你可以练习。就像学习其他内容（如演奏音乐或做运动）一样，通过有意识地、不断地练习，你就可以做得更好。

你可以从一起床就开始练习。此时的你正准备迎接新的一天，很多你不知道的事情将要发生。在你起床后，你意识到自己的双腿把你带到浴室，让你可以洗漱，你感受水滑过你皮肤的感觉。当你有意识地醒来，你可以意识到一些被忽视的东西：你仍然很累，或者你得到了充足的休息，或者你已经感到紧张。有意识地醒来不是为了让你在接下来的一天中一往无前，而是让你在当下停留和感知片刻；为了感受自由，而不是立刻投入快节奏的生活。这能让你更加专注于自己正在做的事情，在事情发生的那一刻就去感受它，还能让你了解更多。

## 看，但不评论

如果你教给孩子在事情发生时先去观察，而不是立刻做出判断，孩子就会发现他能看得更加清楚，也更能记住他所看到的东西。

*针对幼儿的练习：*

这是一个有趣的练习。让孩子记住在上学的路上看到的 5 个事物（如一棵树、一栋有趣的房子、一个交通信号灯、学校的栅栏、教室的门）。它们是什么样子的？可以让孩子练习观察大树或信号灯的更多方面：颜色、形状、轮廓。只是观察，不做具体的判断，孩子就能发现事物更多真实的方面。

针对大龄儿童的练习：

让孩子选一根树枝，然后在纸上画出它的样子。要画自己看到的样子，而不是自己认为的样子。通过几天的练习，孩子会发现自己观察得越来越仔细，画得也越来越像。

## 你听到我说话了吗

真正地用心倾听，并非那么容易。我们的想法在哪里？很显然，并不总在这里。但我们可以学习如何更好地倾听，就像学习如何更好地观察一样。唯一的条件是：有意识地注意，意识到自己并不是在真正地倾听。

可以和孩子一起做相互倾听练习。晚饭时间，每个人花2分钟的时间讲述一天中发生的事情或重要经历，其他人只是听而不做评判。这是一段愉快的时光。真正倾听并理解他人的话并不需要付出什么代价。倾听一个声音而不给它贴上标签，能够提高一个人真正倾听的能力。此刻你听到了什么？你听到的是什么样的声音？是一阵嗡嗡声吗？它有节奏吗？声音从你的前方还是后方传来？离你是近还是远？

通过练习，孩子可以锻炼自己的感官，就像经常使用肌肉可以使肌肉得到锻炼一样。

## 专心吃饭

专心吃饭这件事听起来简单，实际上可没那么容易。找一天和全家人一起吃饭，试着在吃饭期间不做评论，例如，"这个真好吃""这个不好吃""我经常吃这个"或"我不喜欢吃这个"。你将会得到一次意想不到的体验。分享你吃下一口饭的时候的感觉，让食物在你的口中停留片刻，然后有意识地吞咽它，看看你能品尝出什么。

吃一口东西，然后仔细观察：

· 当你不再评价食物的味道时，你能品尝到什么？

·这个东西是咸的、甜的，还是苦的？或者各种味道都有一点？

·你口中的食物是硬的还是软的？

·当你把食物送到口中的那一刻，你有什么感受？你感觉到食物的存在吗？你的舌头有什么反应？当你吞咽食物的时候，你能感觉到食物在什么地方？

专心吃饭很重要。你可以品尝到黄油、苹果汁、糖和香蕉的真正味道。更重要的是，你能更快地注意到自己什么时候吃饱了，让自己的身体处于更舒服的状态。

# 5

# 抽离大脑，感受身体

关注呼吸和感官可以帮助你感受当下，关注身体同样可以。如果仔细倾听，你的身体能告诉你很多信息。人的身体是十分精密的"仪器"，它能对紧张、焦虑、恐惧、快乐等情绪做出反应，能对一些愉快的想法和反复的念头做出反应。这些信息并不是一无是处，它们能告诉你当下的感受、需求和界限。紧绷的双肩、加速的心跳、疼痛的胃、起床时的疲惫等等：身体能对一切做出反应并向你发出信号。

从这些信号中你能观察到很多，但并不一定总能给出恰当的回应。你可能会通过一些行动或判断驳回那些困扰你的感受或想法："别哭了，太孩子气了"，"先把工作做完，加油"。也可能会否定身体发出的信号："我累吗？才不呢！"于是你继续玩、工作、取悦或帮助别人。为了摆脱那些不愉快的感受，你选择逃避、吃甜食、焦躁不安或迁怒于别人。服用药物（特别是助眠药）、不停地吃巧克力或薯片并不能解决问题，只能带来不良的饮食习惯和痛苦的感受，这是一个恶性循环。

正念可以帮助你短暂地从大脑中抽离出来，感受身体。如果你能在某一刻停下手中的一切，将注意力放在自己的身体上，你或许就会观察到：

· 你仍然在为昨天别人对你说过的话而生气。

· 你感到很难过。

· 你精神很好或者很疲惫。

· 你吃多了。

· 当你看一群孩子的时候，会莫名地感到担心。

· 你想去洗手间好一会儿了，但一直没腾出时间。

## 倾听身体的信号

你的身体会服从你的指挥。如果你身体健康，你想跑步，那就去跑；想用电脑打字，手指会听你的话；想吃东西，嘴巴就会张开，吞下你塞给它的东西。教孩子倾听身体的信号，就是告诉孩子，身体不光能完成我们让它做的事情，也能释放出一些信号。这些信号让孩子能够感知疲惫、活力和厌倦，让他们明白，不需要思考自己的感受，而是要感知、承认和关注它们，最后做出选择——应该为自己的感受做点什么。

在阿默斯福特的一所小学，一个有30名学生的班上，孩子们高兴地迎来了"抽离大脑，回归身体"的时刻。他们放下铅笔，摘掉眼镜，躺了下来。他们有的仰卧，有的趴着。所有人都享受着片刻的放松。

我要求孩子们关注自己正在躺着这个事实，然后把注意力集中到自己的身体上。我问他们发现了什么，观察到什么。有的孩子说他们有些不安，没办法放松下来。有的孩子说他们背疼，或者有点冷。

我让孩子们观察自己从头到脚的感受。他们一动不动，把注意力集中在自己的身体上。

教室里静悄悄的。孩子们都很专注。然后他们交流自己的感受，一个男孩说："真奇怪，我觉得自己一只脚热，一只脚冷。"一个女孩说："我觉得膝盖疼。这很奇怪，因为我之前从没有过这种感觉。"另一个女孩说："我只觉得现在想上厕所。"一些孩子打着哈欠说他们觉得累了。一个年龄稍大一点的男孩说："最近我有时会觉得肚子疼，现在又有这种感觉了。"我让他集中关注自己的肚子，看看会发生什么。过了一会儿，他说："我感觉自己害怕被赶出教室。在我身上还没有发生过这种情况，但其他同学有过。我不知道该怎么办。"这引起了孩子们关于老师有时会请同学出去这件事的集体讨论。

**7**

## 界限

当你倾听身体的信号时，其实你也是在了解自己的界限：你能做到什么程度？你是怎么知道这一点的？

接下来的练习，能够让你的孩子找到适合自己的界限。"刚刚好"就是一分不多，一分不少，恰到好处。

## 练习：呼吸拉伸

双脚立于地上，身体保持直立。将一只手臂尽可能向上伸展。眼睛望向上举的手，想象它能触到天花板。看看你的手臂能伸展到多高，同时继续保持正常的呼吸。你的手臂可以伸到哪里？总会有一个界限。你的界限在哪儿？你根据什么判断自己的界限？是根据呼吸的困难程度，还是肌肉的疼痛程度？你观察到了什么？

将抬起的手臂缓缓放下。再观察一会儿，它和另一只手臂的感受是否有区别？现在你有什么感觉？

继续保持正常的呼吸，双脚立于地上，双臂尽可能向上伸展。现在，想象自己正在一棵苹果树下，想要摘下美味的苹果，但它们太高了。手臂保持向上伸展直到极限，现在你的身体有什么感觉？也许你感觉呼吸困难，这说明你的身体已经得到了最大限度的拉伸；也许你觉得后背或手臂疼。这些都说明你的手臂不能再继续向上伸展了。

如果能够明白这一点，你就能在保持顺畅呼吸、不疼痛的基础上伸展手臂。看看你能伸展到什么程度？你的界限在哪里？你能感受到这个界限吗？当你感觉到了极限，就轻轻地放下手臂。

现在，静止不动并保持一会儿，你有什么感觉？手臂感到沉重还是轻松？有没有刺痛或者其他感觉？你的呼吸怎么样？现在你知道什么是"刚刚好"了吗？如果达到"刚刚好"的程度，是否总应该立刻停下来？

为了完整地完成这个练习，你如果感觉累了，可以继续站立片刻，双手握拳，有节奏地轻轻拍打自己的双腿、臀部、腹部、胸部、手臂、肩膀和颈部，以恢复体力。最后，你可以用手指轻轻敲打头部，按摩脸颊、面部其他地方和头顶，也可以两个人相互敲打。

界限很重要。当你吃饭、运动或跟别人开玩笑的时候，界限能告诉你可以做到什么程度。小孩子仅凭头脑里的一时想法和简单的一腔热情去做事情的时候，很容易越过边界。他们不能很好地认识界限，他们需要通过不停地学习来掌握。对家长来说，界限并不总是那么明显。每次都应该把盘子里的食物吃光吗？玩电脑是不应该超过 1 小时，还是想玩多久就玩多久？界限应该如何划定？放任自流和专制都不是最好的办法。最好的办法往往是折中，既有讨论的可能性，又要承担起必要的责任。假如你对女儿说："我希望你能在星期六之前整理好自己的房间，可以吗？"但女儿更愿意星期天整理。只要她能说到做到，为什么不可以呢？坚定和灵活都是划定界限必不可少的态度。还有一点很重要，要教给孩子有意识地感觉什么叫"刚刚好"。

通过和孩子进行这些练习，你可以帮助孩子认识自己身体的界限。

6

## 平静和放松的时刻

一些孩子很难在原地保持不动，他们很难感受自己的界限，也很难保持平静。放松对他们来说格外困难。他们喜欢动来动去，左摇右晃，蹦蹦跳跳，好像这样就能赢得一场比赛似的。

> 朋友的小儿子是一个性格开朗、容易冲动的小男孩。他的大眼睛东瞧西看，嘴巴停不下来，腿脚从来闲不住，总像小鹿一样蹦蹦跳跳，开始做作业没多久就离开书桌去玩，或者去找人聊天了。朋友常常叹着气对小儿子说："求求你了，哪怕你能安静一会也好，放轻松一些。"小儿子却生气地回答："又不是我要动的，是它自己动的！"

有意识地让自己的身体放松，跟我们运动或阅读时的放松身心是不一样的，它们没有好坏之分，只是不同。音频练习"意大利面试验"很受孩子们的欢迎，他们要学习把身体里面"坚硬"的"意大利面"变成软软的"熟面条"。

这个练习让孩子们学会更好地区分动和静。通过不断练习，孩子能观察到自己取得的进步。孩子在不紧张的时候进行这个练习最佳，比如洗完澡或看完电视的时候。

练习过后，可以让孩子继续保持一会儿平静的状态，而不是立刻投入到激烈的活动当中。让他继续躺着休息一会儿，直到孩子自己重新想活动，而不是出于被迫或压力。孩子将惊喜地发现，放松是一件如此容易又如此有益的事情。他不需要被迫做什么，仅仅是感受当下。

当孩子更加熟悉身体的不同信号（放松、担心、疲惫、厌烦），他也就能在自己感觉不舒服、疼痛、生病的时候及时发现。"可生病是什么意思呢？"一天，当9岁的儿子第一次觉得腹部有奇怪的感觉时这样问我。

## 生病的松鼠

（改编自图恩·特勒根[1]作品）

一天，松鼠坐在一棵古老大树下的青苔上，感觉不太舒服，肚子疼。一旁路过的蟋蟀对松鼠说："松鼠，你病了。"病了是什么意思？松鼠感到很疑惑。它决定去问一问博学多才的蚂蚁。

"嗯——"蚂蚁挠了挠头，"生病有很多不同的类型，有轻症、重症和非常严重的疾病。"

"当我们病得很严重时会发生什么呢？"松鼠问。

"可能会发生很多事情，"蚂蚁回答，"但最常见的情况是什么也不会发生，我们的身体会重新变好。"

"现在你感觉自己的肚子怎么样了？"蚂蚁问。

"我的肚子？"

"对呀。"

这时，松鼠觉得自己的肚子已经不疼了。

---

1 图恩·特勒根（Toon Tellegen）：荷兰作家、诗人、医生，作品以儿童读物著称，尤其是关于蚂蚁和松鼠的书籍。——译者注

精力充沛

疲惫

## 家庭练习

### 我的身体状态怎么样

·你觉得自己的身体状态怎么样？有时会觉得肚子疼或头疼吗？有时会感觉不舒服吗？什么时候会觉得不舒服？你想把自己的感觉描述出来或者画下来吗？你一整天都有这种感觉吗？我能帮你做点什么吗？

·当你清早醒来的时候，身体是什么感觉？你感觉休息得很好，还是很累？

·用温度计来记录你每天的感觉（温度越低代表越疲惫，温度越高代表精力越充沛）。

### 微笑有益健康

·走到镜子前，笑一笑，你的身体发生了怎样的变化？伴随微笑的有什么：眼睛？脸颊？嘴巴？肚子？肩膀？还有什么？

·和其他人一起在镜子前微笑会很有趣。

### 有意识地奔跑

·当你快速上楼梯的时候，只有你的腿在动吗？还有其他部位吗？感受一下所有在动的身体部位。

·当你突然停止奔跑的时候，你的身体有什么感觉？呼吸有什么变化？肌肉和心脏又有什么感觉？

·在某一天，数一数你主动奔跑的次数，以及没有必要却奔跑的次数。

# 6

# 暴风雨来了

我们的情绪就像一个水池、一个湖泊或一片海洋。有时，暴风雨能够使它出现旋涡、掀起巨浪；有时，它的表面就像一面光滑而明亮的镜子，透过这面镜子，我们可以看得更远、更深。

每个人的内心也是这样。心情的改变和强烈的情绪随时都可能会出现，如果你要克制自己去掌控情绪或改变情绪，就要学着认识自己的"内心天气预报"。如果不苛求在倾盆大雨的时候还要有灿烂的阳光，那你就要学会接受现实。

## 你的内心是什么天气

　　我的女儿这些年来一直都有起床气。她总是嘟嘟囔囔地下楼，楼梯台阶和我都是她抱怨的对象："我已经说过了，我早上什么都不想吃，可你还是在我的位置上摆了盘子。"

　　我还没来得及回应，第二声"惊雷"又响起来："你把我的书包放哪儿了？要是我迟到了，那就得怪你！"门被"砰"的一声摔上了。

　　经常性的"低气压"预示着暴风雨即将来临。一天早晨，当女儿来到厨房的时候，我让她在餐桌边坐下。她半睡半醒地看着我，显然心情不好。她什么也不想做，更不想挨着我坐下。我平静地深吸一口气，虽然感觉自己的肩膀都绷紧了，但我仍然下定决心不受气氛的影响，友好地看着女儿。

　　我再一次要求她坐下，告诉她我想跟她谈一谈。

　　她不情愿地坐下了。胳膊支在桌面上，头埋在双手间，双唇紧闭。我让她观察一下：她的身体发生了什么？这一刻她是什么感觉？是不是内心像有闪电闪过，或是有暴风雨来临？如果满分是 10 分的话，她给这场大雨打几分，8 分还是 9 分？她回答说 10 分，然后突然用比平时温柔得多的声音说她特别累。她说自己在学校的学习不太顺利，感觉自己已经跟不上了，只能不停地尽力补救，有一些问题她自己已经解决不了了。她的身体慢慢放松下来。她接受了自己不愉快的感受，流下了泪水。我用一只手臂将她揽入怀中，此外便没再做什么。

　　"内心天气预报"不仅能够帮助孩子了解自己的内心世界，也能帮助家长了解孩子的情绪，进而帮助孩子接纳自己。

## 内心天气预报

和孩子保持联系，接纳自己的负面情绪，你就能教会孩子对自己的情绪不排斥，自由地接纳它们。只有认识和了解负面情绪，才能在它们突然出现的时候接受它们。这是一件好事。你可以跟孩子一起思考怎样化解负面情绪：轻轻的抚摸，温柔的争吵，给朋友打个电话一起寻找解决问题的办法，等等。

作为家长，这也是一个审视自己的情绪和本能反应的机会。你可以观察自己身上发生了什么。即使你不能帮孩子解决所有的困难，你也可以陪在他身边，帮助孩子表达并接纳自己的情绪。告诉孩子，不管他内心的"天气"是什么样的，你都爱他，始终陪着他。

## 练习：查询你的内心天气预报

找一个舒服的姿势坐下来，按照你喜欢的方式闭上眼睛（全闭或半闭）。用心感受你现在的感觉。你的内心是什么"天气"？你感觉放松吗？你的内心是阳光灿烂、乌云密布、下雨，还是狂风暴雨？你观察到了什么？

不要思考，感受你内心的"天气"。当你清楚地认识到此刻的感受，请接受它本来的样子，不要试图改变它。就像你不能改变外面的天气一样，你也不能改变自己内心的"天气"。

让你当下的感受停留一会儿。以友好、好奇的态度，用心观察内心的乌云、闪电或倾盆大雨。你不可能立刻改变自己的心情，不过，在一天中的另一个时刻，"天气"可能会发生改变，既然此刻是这样，很好，那就接受它吧。

得益于这个练习，孩子们开始学会认识自己的情绪了。"现在我的内心不是倾盆大雨，但的确是在下雨。我不是胆小鬼，但有时我的内心会非常恐惧。"

把自己内心的"天气"画下来，大部分孩子都会觉得很有趣。这能让他们认识自己正在经历的是阳光、暴雨还是狂风。

重要的是：孩子们学会了接纳自己的情绪。

## 家庭练习

### 接纳自己的"内心天气预报"

· 和孩子一起画下此刻的"内心天气预报"。画完的时候，看看是否还是同样的"天气"，是否已经发生了变化。没有什么是一成不变的。知道这一点很重要。

· 上学的路上，孩子可以观察不同的天气状况，感受落下的雨滴、脸颊上的寒冷、猛烈的风、温暖的阳光。暴风雨可能会令他害怕，也可能会让他兴奋。

·今天，全家人的心情怎么样？可以让孩子观察家人的心情而不做评价。每个人的内心都会有晴空万里和阴雨绵绵的时候。

# 7

# 管理不愉快的情绪

情绪是你对自己的经历、思考和认识的一种反应。人最基本的情绪包括恐惧、愤怒、悲伤和快乐，你几乎总能感受到这几种情绪。情绪强烈的时候你会有一种完全被它控制的感觉，不论是愉快还是不愉快的情绪，有时你甚至感觉自己被这些情绪侵占了。有些情绪相对温和，不大能引起你的注意。它们不像愤怒和恐惧那样引人注意，但同样会对你产生影响。这就像公共场合播放的背景音乐，即使声音小到几乎听不见，它也能影响你。

我们总想摆脱大部分痛苦的情绪，一直拥有愉快的情绪。其实，和我们通常所想的不同，痛苦的情绪一般持续不了太久，是因为我们总喜欢反复"品尝"这些情绪，才使得它们被延长了。

一些想法会和情绪一起出现，往往是关于你自己或他人对你的看法："如果被人看出来我很感动，他们一定会觉得我太敏感。"别人的评价会让你认为一些情绪和感受是不合时宜的："你要是想发脾气，就回自己的房间去吧，我不希望看到有人在饭桌上乱发脾气。"你可能会因此而觉得自己的情绪是不对的。事实上，你只是会有情绪，但情绪代表不了你。

认识、感受和接纳自己的情绪是一项基本的技能。人的情绪和感受不应该被克制、改变，或者立刻表达出来。只要我们能够简简单单地体验它们，友好地关注它们，就可以了。

> 我正在备课，女儿带着一个好朋友回家了。好像有什么不对劲。当我问她们想喝点什么的时候，女儿的好朋友突然哭了起来，痛苦的情绪令她瘦弱的肩膀颤抖起来。她断断续续地讲述了事情的始末，原来是因为她的爸爸妈妈要离婚了，她感觉非常痛苦。女儿什么也没说，只是揽着好朋友的肩膀，静静地听着。女儿听得很专注，既没有打断，也没有发表看法。她明白，在这个时候，她既不需要发表自己的看法，也不用去帮忙解决问题，甚至不需要陪着好朋友一起哭。重要的是全情关注和真切的关怀。

## 没有不可承受的情绪

一些情绪往往因为其引发的想法和行为而令人难以接受，但其实没有情绪是完全不可承受的。情绪反映的是你的感受，它并不总是代表事实。教给孩子这一点很重要。

·我们可以通过身体感受自己的情绪。关注它们，直到它们发生改变；不要让自己被情绪带着走，或者试图克制自己的情绪。把情绪用语言表达出来，或者用图画表现出来，都是有效的途径。

·我们"有"情绪，但我们"不是"情绪。我们可以感受到悲伤，但这不能说明我们是爱哭鬼。

·一切情绪都是合乎情理的，但并非一切行为都可以被接受。我们可以改变自己的行为，但不能改变自己的感受。

　　一位母亲向我讲述了她儿子的悲伤时刻。她的儿子总会感觉遭到了背叛："路易很重视诚信。他把自己的秘密（一个网络游戏的密码）告诉了班上的一位同学。那位同学发誓会保守秘密。可是第二天，好几个同学都知道了那个密码。路易又难过又生气，感觉自己就像病了一样。他决定不去上学了，一头倒在了床上。"

　　9岁的女孩苏菲告诉我她"什么都怕"："我害怕雷声，害怕争吵，害怕床下有小偷。我为自己不知道的事情感到害怕。我不敢一个人去上学。"她眼含泪水地说着。

　　我让苏菲感受一下自己的恐惧，看看它们到底在哪里。苏菲回答说："我感觉它们就在我的肚子里，上下翻腾。"我让她观察一下这种感受。她闭上眼睛，集中

*精力，开始观察："它们还在动。"又过了一会儿说，"它们翻腾的幅度好像变小了。"我让她继续温柔而友好地关注自己的感受。几分钟后，苏菲睁开眼睛，惊讶地说："我的恐惧不见了。"于是转身蹦蹦跳跳地去找同学玩了。*

儿童和成人一样，都可能会被强烈情绪困扰，但他们不知道该如何管理自己的情绪。家长应该教孩子勇于面对和关注自己的情绪。

如果孩子们知道他们的难过、焦虑、愤怒和快乐能够被理解并接纳，他们的情绪就能得到缓和，他们就能学会管理内心那些猛烈的"天气"。他们会明白，情绪就像狂风暴雨，总会过去的。即使仍然被某种情绪困扰，他们也能通过玩游戏、抚摸小狗、陪伴家人来疏解情绪。

有时，孩子愿意说出困扰自己的情绪。在这种时候，大人往往认真去倾听就好。一些孩子不愿意表达自己的情绪，那我们只要告诉他们，当他们想要谈一谈的时候，我们随时都在。

## 管理愤怒

愤怒是一种麻烦的情绪。它很常见，但又令人难以接受，因为它带来的往往是失控的情绪、毁坏的东西，甚至是打骂和伤害。对别人生气，有时还会迁怒于我们自己，当面对一种强大的无力感时，我们可能会选择伤害自己。

愤怒通常由以下原因引起：

· 得不到自己想要的（关注、安慰、支持）。

· 得到的是自己不想要的（争吵、紧张的关系、糟糕的成绩、运动赛场上的失利）。

· 在情感上受到伤害（比如"你怎么总是这么敏感""你不能跟我们一起玩，因为你什么都不懂"这类伤人的话）。

> 早上 8：25，女儿马上要迟到了。时值 3 月，外面的气温是 9℃。6 岁的女儿叉着胳膊，满脸不情愿："我不想穿冬天的衣服了，我要夏天的衣服。"我说："快一点吧玛丽，我们要迟到了。"
>
> "我不要去上学，我要先穿上夏天的衣服！"看得出，玛丽生气了。她钻到衣柜里，开始翻找夏天的衣服。我一把拉住她。她挣开我的手，开始哭喊："我不想上学了！你弄疼我了！"我明白，孩子已经被愤怒的情绪控制，她没有办法自己走出来，我得帮帮她。我叫着她的名字，看着她的眼睛，说道："好了，玛丽，我能看得出来，你现在非常生气。"我注意到玛丽眨了眨眼睛。其实，让她生气的这件事情，本身并没有那么严重。"虽然你现在有些生气，但你能不能穿上冬天的外套，陪我一起去学校呢？"玛丽点了点头。一场暴风雨就此平息。我们到达学校的时候她已经迟到了，但结果也算不上太糟。

## 走进旋涡，走出旋涡

音频中的 3 个练习可以帮助孩子更快地走出情绪旋涡。

经常和孩子进行这些练习，可以帮助孩子接纳自己的情绪，不做出冲动的行为。孩子也会明白，他们不需要担心那些强烈的情绪。这些情绪会突然出现，有时停留一会儿，然后消失不见。一些情绪令人感到不太愉快，就好像你在聚会上遇到的每一个人不可能都成为你的好朋友。不过，如果你能更好地了解这些情绪，那么它们也就没那么令人难以接受了。

**8/9/10**

## 家庭练习

### 你现在感觉怎么样

在不同的时刻，你可以帮助孩子认识和辨别他此刻的感受。你可以和孩子讨论他的感受，并提出这样的问题：

· 你的身体现在是什么感觉？

· 你现在想做什么？

· 你能不能和这种感受共处一会儿，就好像和一位朋友或你最喜欢的动物在一起一样？

在情绪产生的那一刻，接纳能让我们更好地了解情绪："哦，这就是愤怒。原来焦虑是这样的，它和悲伤有很大的不同。它可以激发我的兴趣，这能帮助我。"

这样，孩子就能平稳地度过一些强烈情绪的存续期，继而明白，这些情绪并不能摧毁他。

**现在请停止**

让孩子看到并尊重你的情绪（如担心、沮丧、不耐烦、伤心、疲惫），
这一点也很重要。结束了一天的工作回到家，有时你还有精力和孩子
玩一会儿游戏："好的，不过这真的是最后一次了！"有时你不想玩了，
只想休息，那也没关系。

# 8

# "想法工厂"

当我们希望事情有所不同的时候，往往会反反复复地想。我们常常会反复地想一些事情，但多数时候我们似乎意识不到这一点。我们对各种各样的事情抱有太多的想法、观点、判断和疑惑，我们以为反复地想就能解决问题，其实这种认识是错误的。

"我常常失眠，因为我会不断地想起那些我可能做得不够好的事情。"

"我不常见到我的爸爸，我经常想他。他住在德国，离我太远了。"

"我不能再去姑妈家了。因为爸爸妈妈跟她吵了一架，他们不想再见到她了。我很喜欢姑妈，我总忍不住想她。我觉得头疼。"*

通过教孩子理解神奇的思想世界，我们可以让孩子学会自我管理：

·我们的想法并非全都可信（如"我做不到"这个想法就是不对的）。

·孩子的想法并不代表孩子本身（如"我不够聪明"只是一个想法，并不代表孩子真的不聪明）。

·让孩子把他们反复思考的想法总结并写下来，并按照重要程度进行排序。

·在接下来的日子，当这些想法反复出现的时候，让孩子观察它们，看一看能否可以不去理会它们。当这些想法不被重视的时候，它们就会像蜡烛上缺氧的火苗一样，自动熄灭。不过，总有一些想法还是会再次出现。如果我们不希望继续被它们打扰，就要观察、认识并了解它们出现的原因。

## "想法"究竟是什么

想法就像你头脑中出现的一些小声音。这些声音就像一个很会讲故事的人，滔滔不绝。它们什么都参与，对一切都抱有自己的观点：关于你，关于世界，关于你穿的衣服、吃的食物，关于你做的事情，以及你本应该做的事情。想法可能是你觉得困难或者愉快的事，可能是你想做的事，也可能是上个星期发生的令你烦恼的事。想法与过去、现在和将来有关。它们都是"想法工厂"的"产品"。

有时你的想法和自己有关：

*"我总忍不住想到明天的考试，总觉得自己会不及格。"*

有时你的想法和别人有关：

*"真可怜！他看起来很难受。"*

*"我经常反复地想起在电视上看到的那些因为地震而被困在大石头下面的人。这实在太可怕了！我很想为他们做点什么，但又不知道自己能做些什么。"*

我们的想法和感受常常相伴而行。它们有时看似毫不相关，但往往相互关联。例如，搬家时，孩子可能会这样想："我还是感到有些难过，因为我们搬家了。但我觉得这种感受会让自己显得有一点矫情，所以我选择不说出自己的感受。"作为家长，孩子没有因为搬家的事情而抱怨，或许你可以松口气。但孩子难受的情绪会因为头脑中反复出现的这个想法而持续。所以，我们应该关注孩子的感受。

## 我们能否让想法暂停

许多人问，我们能不能停止产生想法。一起来做"停止想法"练习，这会是一件有趣的事。

由一位家庭成员计时（15秒），其他人闭上眼睛试着什么都不要想。

· 闭上眼睛 15 秒，试着什么都不想。

· 你有什么发现？你是否一直在告诉自己"我什么都不要想"？

· 你想到了什么？

事实上，我们不能阻止，也不需要阻止想法的出现。想法就像一条生产线上的产品。我们的许多想法（烦恼的、高兴的、愉快的、不愉快的、可恶的），以及我们的计划、回忆和办法正是在这条生产线上生产出来的。不过，当一些想法对孩子来说有危险时，我们可以教孩子不要倾听这些想法，而是去主导他们自己的想法。如果孩子能做到这一点，他就能影响自己的想法，知道并不是想到的事情就一定要去做，头脑中的一切不用全部都相信，许多想法都是不正确的（如"我觉得自己长得很丑，没有人会邀请我的"）。

要想主导自己的想法，先要认识它们。你的想法究竟想表达什么？想要知道这一点，你可以做一做下面这个练习。

## 观察自己的想法

所有人围着桌子坐下来。由一个人负责提问，其他人扮演"思考者"。提问的人提出一系列问题。

每一个问题"思考者"都不做回答，而是倾听"想法工厂"产生的答案。你的头脑中出现了什么想法？是否看到了一些画面？每一个提问问题的人可以计时 5 秒供"思考者"想答案。

问题举例：

1. 你最喜欢的食物是什么？

2. 什么使你感到非常幸福？

3. 你偶尔会为什么而担心？

4. 如果不限制你的想法，你首先想到的是什么？（此问题计时20秒）

人的"想法工厂"始终是活跃的，你可以选择跟随自己的想法，也可以选择观察一会儿之后再让它们继续。你可以立刻相信这些想法，也可以把它们当作久别重逢而又突然出现、向你诉说故事的老朋友，先微笑着打个招呼。如果你通过观察，意识到想法试图牵着你走，这恰恰是理解自己的头脑中究竟发生了什么的关键时刻。

## 你担心的是什么

每个人都有一些反复出现的想法。每当这时，大脑会把我们带向疑惑、焦虑和不自信这些我们内心深处隐密的角落。有时，反复纠缠的想法让我们难以入睡。

但让我们反复想起的究竟是什么呢？为了寻找答案，我们可以和孩子一起进行下面的练习：问一问孩子，以下清单中的哪些想法会经常或不时出现在他的脑海中。做好笔记，去了解孩子的想法及他通常的反应。

想法清单：

1. 我为一个人而烦恼，我觉得……

2. 我在某些方面做得不够好，我觉得……

3. 我跟人吵架了，我觉得……

4. 有人生我的气了，我觉得……

5. 我想伤害自己，我觉得……

6. 我想伤害某个人，因为他伤害了我，我觉得……

7. 大家觉得我够好吗？我觉得……

8. 我认为人和动物的死亡……

9. 其他事情……，我觉得……

讨论一下反复出现的想法，然后做音频中的练习 11，将会对你很有帮助。上床睡觉之前的时间都适宜做这个练习。当我们的身体开始休息，当我们没事可做的时候，我们的大脑常常会装满想法。

## 练习：焦虑急救

通过这个练习，孩子能够学会主导自己的注意力，从而跟自己的想法保持一定的距离。孩子的注意力逐渐下移，就像一只悬挂在蜘蛛网上的小蜘蛛，每次下移一点点，直到腹部。肚子里没有想法，只有呼吸，平稳的呼吸。肚子深处是安静的，没有争吵，只有平和和休息。

当孩子感到焦虑的时候，他首先要做 2 件事：

1. 观察一下自己焦虑的是什么。

2. 将自己的注意力从大脑转移到腹部的呼吸，肚子里没有想法。

# 家庭练习：
# 把想法装进盒子

感觉练习 11 有难度、喜欢活动的孩子，可以使用"焦虑盒子"，让孩子自己动手把盒子装饰得漂漂亮亮。

你可以在睡觉前花一点时间，问一问孩子是否还有什么担忧，有什么烦恼，有什么挂心的事情。通过讨论（而不是逃避），孩子更容易厘清想法。然后把这些想法装进盒子。打开盒盖，把想法放进去，然后盖上盒盖。随后把盒子放到卧室里的某个架子上，与床保持一定的距离。这样孩子就可以看见装有自己想法的盒子，认为想法已经不在自己的头脑中了。

# 9

# 友善使人愉悦

友善是人类最重要的品质之一，它就像温柔的细雨，滋润每一寸土地。友善是不评判、不排斥——至少真正的友善是这样。它直达人心，使人成长、相信自己和他人。它可以安慰和治愈人心，特别在我们不舒服或难过的时候，友善更会让人感到宽慰、暖心。

在一家拥有 3 个儿科专业科室的医疗教学中心，我们注意到，其中一个科室的小患者对药物的反应优于另外两个科室。为了找出原因，我们比较了患儿的疾病严重程度、平均年龄，以及他们所接受治疗的类型。

医生决定对此进行研究。研究发现，真正的原因在于人文关怀。在患儿康复速度最快的科室有一位特别热情的保洁员，每天，她一边打扫，一边温柔地哼着歌。她还肯花时间倾听孩子们的问题和故事，轻轻地抚摸孩子们的头发。

人性本善。孩子们的每一天都在温柔、信任与关怀中度过。对他们来说，万物本来就很美好。不过也有例外。

弗朗索瓦因为焦虑和失眠来进行心理咨询。父母说他在学校受到了欺侮，遭遇了校园霸凌。先是有人扎爆了他的自行车轮胎，后来有人每天拿走他的外套，让他到处找。现在，每当他走出校门，就有一群学生围住他、嘲讽他。这些行为已经逐渐对他造成了伤害，他不敢独自回家了。他感到孤独、脆弱和绝望。他认为是自己有问题，对自己失去了信心。

幸好弗朗索瓦把自己的问题告诉了爸爸妈妈。当他们发现孩子睡不着觉时，他们选择寻求帮助。他们希望弗朗索瓦学会放松，而不再认为是自己的问题。后来，他去上了柔道课，学习如何变得更加坚定。他依然是一个可爱的孩子，但已经不再允许任人戏弄。

## 回击是正确的解决方式吗

回击、欺凌和漫骂会是更有效的方法吗？有人这么认为，但我不同意。进攻只能引起更加强烈的反抗。我们需要使用智慧的方法进行回击应对，我们应该非常自信，我们能找到相应的解决方法。

## 蛇的故事

一条蛇受够了所有人见到它的时候都会尖叫着逃走这件事。它去树林里见一位年长的智者，向他请教怎样做才能不让别人这么怕自己。智者思考了一会儿，对它说："你可以试着不要再发出咝咝声，别再露出自己的沟牙，使自己看起来不那么可怕。"

蛇决定采纳智者的建议，但它并没有成功。当村民们知道蛇是善良的没有危险之后，就开始向它扔石头。蛇再次去见智者。

这次智者建议蛇展示出自己强有力的腮和肌肉，但还是不要露出沟牙，也不要咬人。多亏了智者的建议，村民们恭恭敬敬地与蛇保持了一定的距离，因为他们感受到了蛇的威力，蛇安安静静地爬进了村庄，什么也没有发生，大家都相安无事。

## 友善是可以练习的

通过友善练习，孩子可以充分认识到谁是特别关爱自己的人，学会衡量情感。许多孩子会自然地想到爸爸妈妈，也有些孩子会想到继父继母、爷爷奶奶。随后，孩子们将学会把同样真挚的爱传递给其他人。

我们可以在任何时刻送出友好的祝愿，祝别人幸福，也可以当面表达我们的祝福。

*一个平时总是很霸道的小男孩在做完友善练习后惊*

讶地说：“我知道有很多人爱我，可是，”他把一根手指放在胸口，又说，“我觉得我自己不够善良！”他突然看起来很无助、很受伤。

孩子们认为，他们偶尔表现出不友善也没关系（每个人都会有心情不好或者说话伤人的时候）。假如我们在做了不友善的行为后能够及时认识到这一点，我们就能更好地了解自己，行动上也能更加自如。这种理解演变为一种同理心，把我们带向一个更加美好的世界。

友善使人愉悦，包括我们自己。

在一堂体操课上，28个十来岁的孩子围成一圈，他们在玩“赞美球”的游戏。第一个孩子拿球，喊出班上一位同学的名字，把球传给他，说：“每一次我们吵架，你总是先提出和解，我觉得你真好。谢谢你！”接球的孩子想了一会儿，把球传给了一个女孩，并对她说：“我觉得你很棒，因为你总是做自己，从来不模仿别人。”女孩接住球，面对这样的赞美，害羞地笑了。她把球传给了另一个女孩，说：“你是一个真正的朋友，因为你那么懂得倾听。”

最后，球落到了一个经常找别人茬的男孩手中，他收到了这样的赞美：“我觉得你比去年更加友好了。”

这个练习重复做了几次之后，老师们观察到了班上的一些变化："每当有同学完成了一项比较艰巨的任务，其他同学更愿意给予赞美了。"

"他们比原来更愿意互相帮助了。""同学们越来越团结了。"

音频中的练习 12 和练习 13 能帮助孩子更好地认识友善。

12/13

 ## 家庭练习

人人都喜欢受到赞美。听到别人说我们是好人时，感觉自己得到应有的评价时，我们会有一种被人重视的感觉。每当有人向我们表达赞赏时，我们会深受感动，甚至在几年之后仍印象深刻。有些人把别人真诚的赞美和美好的评价像珍宝一样珍藏在心底。

### 学会认识不友好的行为

用一根皮筋或手链就能做这个练习。把皮筋或手链戴在你的右手腕上。每当你做了不好的事、对别人或自己表现得不够友好时，就把它戴到左手腕上。如果再发生类似的事情，就重新把它戴回右手腕。这样你就更容易发现自己的行为什么时候不够友好。其他人不必参与这个过程，这是你自己的事情，由你来完成练习。

这个练习的目的不是让你避免做出不友好的行为，而是帮助你认识行为本身。学会这一点之后，你就能做出更好的选择：既然现在我已经认清这种行为，那么我该停止还是让它继续呢？

## 把目光放得长远

从你身边找出一个你不太喜欢或让你感到不安的人（如家人、同学）。仔细思考，找出他的一个优点。这样做不是为了把他想象成你的朋友，而是认识到他并不是那么令人讨厌的。

## 我爱你是因为……

凡是会写字的家庭成员都可以参与这个练习。

每个人拿一张写着所有家庭成员名字的纸。

其中一位家长负责讲解："请大家仔细想一想，你最欣赏每个人身上的哪一点。在每个名字后面写下你觉得这个人做过的很友好、很棒或令你难忘的一件事。"大家都写好后把纸交给另一位家长。

负责收集纸张的家长将每个人的名字以及对他的赞美集中写在小纸条上。所有人将会在枕头下面找到写有赞美自己的话的小纸条。

发现自己被人欣赏和喜爱是一件激动人心的事情。小纸条上写着我们平时很少听到的话语，句句温暖人心。

# 10

# 耐心、信任和放下

我们如果能像等待破茧成蝶的蚕蛹一样多一些耐心，像新生儿一样对世界多一些信任，像秋天的树叶一样坦然落下，我们的生活会变得更加美好。然而，我们常常希望事物超越它们本来的样子，要求得更多：希望它们更好、更安全、更漂亮、更容易得到。

我们每个人都经历过这样的时刻：失望、孤独、难过，因为事情不如所愿而焦虑。这种时候我们会产生一种强烈的愿望，希望事情突然变得不一样。愿望很重要，因为它是去到更美好的世界、去往更安全的地方、拥有更健康体魄的第一步。有愿望是再正常不过的事情，但也会引起一些问题。愿望总会把我们引向我们没有的而不是我们所拥有的东西。怎样才能管理好自己的愿望，看清楚自己想要的和能实现的是什么呢?

## 愿望无法实现怎么办

儿童有愿望是很平常的事情,例如,想得到某样东西(比赛获胜、获得自信),希望某件事情(被责骂、和朋友吵架、生病、长痘痘、变胖)能够停止。通常,人们都是通过行动来实现愿望的,如努力学习、经常锻炼等。但是,如果愿望的实现不取决于自己,那该怎么办呢?当我们生病的时候怎样才能感觉好一点?怎样才能在住得远的亲戚家多待一阵呢?

许多情况是孩子们无法改变的,因为他们还太小,但是事情本来就是这样。那么,我们真的无能为力了吗?幸运的是,我们还能够改变对事情的态度。在这种情况下,一些画面,一些代表我们愿望的画面可以帮到我们。

## 内心电影院

闭上眼睛,在脑海中想象一个场景。可以是一些不协调的场景,也可以是一些电影画面。这就好像我们内心有一座电影院,有人按下按键使电影播放和停止。有时,我们仿佛清楚地看到一个可怕的人从窗户进入了我们的房间;有时,我们仿佛看到自己在一场重要的考试中经历了失败。

我们会自己制造画面,但常常意识不到这一点。这些画面的价值只有我们能赋予。

我们不仅可以看到痛苦的画面，也可以看到愉快的、希望看到的画面。有意识地运用这种能力，我们就能成为美好画面的创作者。

> 一个6岁的小女孩在生日时收到了一辆自行车。在爸爸妈妈诧异的注视下，女孩蹬上自行车骑了起来。当爸爸妈妈问她是怎么学会骑自行车时，女孩回答说："我总能看到自己骑自行车的画面，我看到自己会骑自行车。"
>
> 通过"像青蛙一样坐定"练习，萨斯基亚在学校的口语展示中取得了很大的进步。她进行了一些放松练习，在练习中，她想象自己在全班同学面前保持冷静和自信。每天只需要几分钟的练习就足够了。

有意识地运用内心电影院可以充分调动人的潜力。当然，它并不是魔法棒，不能帮助我们做超出能力范围的事情，但它能把我们想要改善、提高，想要更加确信的东西具体地呈现出来。这就像雕刻家根据自己的想象雕刻手中的石块一样。那么，面对更加复杂的事情时该如何做呢？

> "妈妈告诉我，我生病了，这个病会一直伴随我左右，我必须学会和疾病一起生活，但我不知道该怎么做。"

## 看到内心的愿望

当我问孩了们，他们内心最大的愿望是什么，他们会讲起一些感人的故事，一些重要且往往很深刻的愿望。当他们一个人躺在床上的时候常常会想起这些愿望，但从来不会说出来。他们担心这样的愿望会增加父母的负担，因为他们知道生活不易。

*"我真希望爸爸妈妈重新在一起。他们分开了，已经有近1年的时间没说过话了。"*

*"我不想再当残疾人了，我希望能和其他人一样。"*

*"我想爷爷了。我希望他没有去世。"*

即使是无法实现的愿望，想象也能帮助我们；不是通过愿望来操纵现实，而是理解一切都会改变。事情有时会自己发生改变，有时会因为我们采取不同的态度而改变。

我们不是预知未来，因为这是事实：改变是不可避免的。

## 耐心、信任和放下

下面的练习能引导孩子对待事情有耐心，对即将发生的改变有信心，有放手的能力，能够放弃对不可控因素的控制。

## 愿望树冥想练习

找一个舒服的姿势坐下，腰背挺直，眼睛闭上或微微睁开。现在，观察你的呼吸。

关注呼吸很重要，它能把你带到你此刻所处的位置。

专注于自己的呼吸，保持……用心感受你的气息。吸气，呼气……吸气，呼气。

现在你可以陪我去大自然中一个美丽的地方。可以是你去过的某个地方，也可以是你想象出来的地方……认真地观察这个地方。

这里宁静而美丽。在这里，你很安全。你能够看到远处。你看见了什么？

如果看仔细些，你会看到一棵古树。朝它跑过去吧。这棵漂亮而又特别的古树就是愿望树。

这棵树已经有100多岁了，它高大而强壮，有着粗粗的树干、长长的树枝和漂亮的绿叶。如果你仔细看，就能看到一群白鸽栖息在树枝上。一些白鸽成群结队，另一些则有些孤单。每一只白鸽都能实现你的一个愿望，但不是立刻就能实现。你需要等待那个时刻的到来。白鸽只能实现那些你发自内心的、认为非常重要的愿望。每次只能实现一个愿望。

现在，想一个你发自内心的愿望，一个你不用费力气就能想到的愿望。静静地等待，直到它自己出现。它可能是一种感受、一个想法，或一件你从来没跟别人提起过的事情。你想到了什么？

一旦明确了自己的愿望，你就可以轻轻地召唤一只白鸽。让它飞过来，停在你的手上，然后把手放在靠近心脏的位置，让白鸽知道你内心的愿望。它会理解的。把愿望告诉白鸽，然后让它飞走。你看到白鸽越飞越远。它正飞在帮你实现愿望的路上。不是今天，也不是明天，或许也不是下周，但你要有信心，总有一些改变会发生。改变或许不会完全符合你的预期，或许没有你希望的这么快，但常常比你预期的还要好。或许有一天，在你已经很久没有想起过这个愿望时，它却实现了。要有信心。尽情想象所有与愿望有关的画面吧。

轻轻地睁开你的眼睛，继续静坐一会儿。

如果你和孩子一起进行愿望树冥想练习，那么听听他的感受，接受他的愿望，这一点很重要。

　　一个11岁的小女孩说她的妈妈去世了，她十分想念妈妈。在愿望树冥想练习中，她强烈地希望能再次见到妈妈。我问，当她想到妈妈的时候，这个愿望来自哪里。她的表情很平静，说："是我从心里感受到的。"

　　"当你想妈妈的时候，你能看到她吗？"

　　"在烛光中，能看到一点点。"

　　我告诉女孩，她如果每一天都把注意力集中在心里，就能看到自己的妈妈了，想看几次就看几次。我还问她，能不能根据她看到的画面画一幅妈妈的肖像。

　　3个星期后，小女孩自豪地带来了一幅妈妈的肖像画。痛苦的想念转变为了接受现实。女孩每晚睡前都会跟妈妈说说话。

　　一个小女孩的妈妈建议她进行愿望树冥想练习，女孩向妈妈讲述了自己的愿望。她说自己最大的心愿就是在学校里不再受欺负。妈妈此前并不知道这个情况，她立刻采取了行动，去学校向老师反映情况。老师把小女孩和欺负她的同学叫到一起进行了沟通，问题得到了解决。就这样，小女孩的愿望很快就实现了。

耐心、信心和放下的态度对我们实现大大小小的愿望起着重要的作用。凡事要有耐心，因为一切都需要时间；要有信心，因为一切都会改变；要学会放下，因为它让我们付诸行动。放弃控制不是一件容易的事，要知道，放下并不等于屈从。

## 放下

　　许多人错误地以为，放弃控制就意味着放弃想要改变的愿望，选择被动接受。其实，接受就像是打开一扇欢迎的门，我们要相信事情会发生改变。不操纵、不等待、不苛求，这样的态度能够带给我们选择的自由，不管生活中的风浪有多大、多强，我们都可以选择自己的生活方式。

### 想冲浪的男孩

　　一个小男孩梦想成为一名优秀的冲浪运动员，不是普通的冲浪运动员，而是一名真正的冲浪运动员。小男孩才 10 岁，他生活在远离大海的地方，也没有钱买冲浪板，但他常常闭上眼睛，想象自己在冲浪，从来都不会累。他似乎闻到了大海的味道，感受到自己肌肉的力量。他真的有一天能够去冲浪吗？

　　一次，小男孩和爸爸妈妈去布列塔尼度假。一下车，他就闻到了大海的味道，看到了海滩。眼前的一幕实在太美妙了：一群男孩正在冲浪。小男孩朝他们走去。其中一个男孩对他说："你想试试吗？这很时髦！"

　　小男孩有些尴尬地回答说："我从来没有尝试过冲浪，但我现在很想试一下。"

那个男孩把自己的冲浪板借给了他。这是一块白色的冲浪板，上面有漂亮的小海豚图案。小男孩站了上去，就像他经常想象的那样。他的愿望成真了，他终于可以冲浪了。他掉下了冲浪板，然后又重新站上冲浪板，他还有很多东西需要学习。不过因为他想冲浪的愿望很强烈，他做得越来越好。

如今，这个小男孩已经成为了一名冲浪教练，教会了成百上千的孩子冲浪。他不仅教孩子们冲浪，还教他们要对未来充满信心，有自己的梦想。

和孩子一起进行这些练习，能够帮助你和孩子变得更专心、更放松、更自信。

**14**

# 11

# 实用问题

## 怎样开始和孩子一起进行正念冥想

　　如果你想要鼓励孩子进行正念冥想，那么建议你首先读一读这本书。它能帮助你理解正念的实质和"青蛙理论"。在亲子关系中，陪伴是你能给孩子的最好礼物。然后，你需要让正念练习变得简单有趣，而且要始终保持开放和友好的态度。不要忘了，温柔的抚摸也很重要！

## 几点重要的建议

　　·开始一项新的活动有时很难，试着营造一种开放、好奇和理解的氛围。就像我们学习一门外语一样，同一个正念练习可以重复进行几天或几周，每一次的体验都是不同的，今天的正念练习体验不同于昨天的，也不同于明天的。

· 不要抱有太强的目的性，不要试图达到某种目的。有耐心些！毛毛虫蜕变成蝴蝶是需要时间的。

## 如何使用音频进行练习，或者下载相关资料

本书中的正念练习简单易行。目前，全世界有成千上万的儿童在进行这些练习，在家里、学校、医院或私人诊所。"像青蛙一样坐定"可以帮助孩子有意识地关注自己的呼吸、身体变化、所有情绪和想法，还有助于改善孩子的专注力。

它不仅能锻炼孩子的"专注肌"，还能锻炼其"大脑肌"和"心脏肌"！一举三得。当孩子开始和你一起探索音频中的练习，你可以观察一下会发生哪些变化。并且要为孩子选择适合他们年龄段的练习。

## 应该从哪个练习开始

很多孩子喜欢从"睡个好觉"练习开始，许多家长也喜欢这个练习，它能让我们在平静和放松中结束繁忙的一天。之后你可以进行"注意力的'小灯'"练习（在音频的前半部分）。"意大利面试验"对所有人来说都简单易行，孩子们非常喜欢这个练习。对那些患注意缺陷多动障碍（多动症）的孩子来说，他们很难和自己沟通，很难将注意力集中在自己的内心世界，所以他们最好从有活力的练习开始，"意大利面试验"就可以帮助他们关注自己的身体和呼吸，之后他们可以逐渐尝试其他练习。对有焦虑情绪的孩子来说，晚上睡觉前，当焦虑

情绪在他们头脑中乱转时，"想法工厂"的练习对他们很有益。

观察孩子是否有最喜欢的、每天都想做的练习。让孩子自由地选择很重要。

## 什么地方更适合练习

只要孩子感觉舒适，在家里的任何地方都可以练习：客厅里、沙发上、地毯上、卧室里、床上……都可以。孩子可以和宠物一起进行冥想练习，或者在肚子上放一个毛绒玩具。

## 有没有适合正念练习的最佳时刻

要寻找内心的平和与安宁，一天中的任何时刻都可以是"最佳时刻"。对很多家庭来说，问题是如何在忙碌的一天中找到练习的时间。其实，正念练习是一个暂停忙碌生活的好机会。可以养成把时钟调慢几分钟的习惯。生活在忙碌纷扰的世界，我们要学会感受自己内在的真正需求。

具体来说，可以在孩子放学回到家感觉比较累的时候，和小伙伴或兄弟姐妹一起进行"像青蛙一样坐定"练习或"意大利面试验"练习。晚饭后，用做练习替代玩手机也不错。睡前这段时间通常是很理想的。

## 需要准备什么特殊的器材吗

孩子什么都不用准备，只需要集中自己的注意力，以及获得家长的支持！一些孩子喜欢观察呼吸的时候在肚子上放一个毛绒玩具。任何柔软的东西其实都可以。

### 有没有特定的练习姿势

重要的是让孩子感觉舒适，这样才能使他们顺畅呼吸，专注于眼前的事情。不管孩子喜欢坐着还是躺着，都没问题。

### 需要闭上眼睛吗

如果孩子感觉闭着眼睛不舒服，那么眼睛可以先睁开或者半闭着，过一会儿孩子会自动闭上眼睛。我经常在学校里遇到一些不敢闭上眼睛的孩子，因为他们缺乏安全感。等他们准备好了，时机到了，他们的眼睛自然会闭上……

### 孩子几岁可以开始练习正念冥想

本书中的正念冥想练习适合所有5～12岁的孩子，能够帮助他们更好地集中注意力，平息焦虑，更好地感受和理解自己的情绪。正念冥想练习也是一种培养自信和自尊的途径，它能让孩子学会更好地倾听别人，对人抱有更大的善意。

### 我的孩子不想进行正念冥想，怎么办

家长们在这方面完全不需要有压力。正念冥想不是必须做的，对孩子，要始终保持它的趣味性。

# 一条基本原则：支持但不强求

不要强迫孩子进行正念冥想。我们的态度是：支持但不强求。这种友好的态度很关键！要给孩子机会，让他以自己的方式和习惯进行练习，感受自己需要什么，以及怎么做。

## 孩子在进行正念冥想的时候觉得无聊怎么办

无聊是人的一种重要状态。我们习惯于用活动来填满每一个空闲的时刻。无聊的时候，我们会感到不适，会尽量想办法让自己忙起来，从而摆脱这种感受。孩子会有同样的做法，这没什么值得惊讶的。其实，无聊是一种很棒并有用的状态：我们只有停下脚步，才有机会观察自己身上发生了什么。孩子一旦停下来，就会立刻想去外部寻找一些刺激，但假如他能坐下来几分钟，他就能冷静下来，认真倾听，专注自己真实的感受。

如果孩子说"我觉得很无聊"，那你可以问问他身体的哪个部位感受到了无聊。"是不是很神奇，你的身体或大脑的某个部位可以感受到无聊，是哪里呢？"

## 每天都需要进行正念冥想吗

这个要视情况而定。一些孩子喜欢每天进行一次甚至多次正念冥想，当他们感觉有需要的时候，就会提出要求。

## 这些练习需要多长时间

同所有的练习一样，正念冥想练习越有规律，持续的时间越长，就越有效果。如果成功地养成了做练习的习惯，最好一直保持下去。

# 榜样的力量

比起解释和介绍，找到和孩子一起进行正念冥想练习的正确方式，更有助于让孩子明白应该怎样关注自己的情绪和想法，怎样面对各种各样的挫折。这能让孩子对自己和他人更友善，逐渐不再叛逆，不再冲动！要想达到这个效果，共情、耐心和降低期待是根本。

## 我的孩子在正念冥想的过程中总是分心怎么办

这是很正常的，注意力的"小灯"训练正是为了让我们觉察到自己天马行空的想法，让我们回到当下。如果孩子走神的时间很长，我们可以问他一些简单的问题，例如："你需要些什么才能更好地专注现在这个时刻？""怎样才能帮助你更好地集中注意力？""我怎样做才能帮助你？"孩子完全知道应该如何回答这些问题。

## 我的孩子觉得正念冥想太难了怎么办

万事开头难，更何况是在被要求"什么都不要做"的时候。在不能立刻看到成效的情况下，有想放弃的想法很正常。不过，正如我 6 岁的孙女所说："奶奶，即使事情很难做，我们也不应该放弃，不是吗？"孩子能够认识到正念冥想的好处。它教会孩子如何面对人生中可能会出现的那些困难和难以忍受的事情。为了培养孩子的这种态度，我们要给予他们支持和友善。请牢记，要保证练习的趣味性！不要给孩子压力！

## 这些练习是否适用于患多动症、诵读困难和孤独症的儿童

这些练习适合所有学龄儿童。多动症儿童可能需要花更多的时间，不过一旦能坚持下来，这些练习对他们来说是很重要的帮助。困难越多，获益越多！希望家长能始终保持耐心和友善。我们针对患孤独症儿童所做的试验也取得了令人满意的结果，不过，对他们来说，将练习要领描述清楚很重要："这是'像青蛙一样坐定'练习，不过我们很清楚，你并不是一只小青蛙。"正念练习唯独不适用于精神病患儿。如果你的孩子无法正常上学，那么最好先咨询专业人员。

虽然大部分学龄儿童都能参与正念练习，但正念练习并不能彻底解决他们的问题。不过，它能教孩子换一种方式来处理困扰他们的麻烦或问题，如喜欢胡思乱想、总忍不住乱动、想要的东西马上就要得到。

## 一点想法

对所有儿童，包括孤独症儿童来说，雪都是一个神奇的工具。当孩子们什么都不做，只是看着雪花或雪片落下，他们就能观察到自己的内心是怎样从躁动不安逐渐转为平静的。

## 我没发现正念冥想给我的孩子带来任何改变

孩子在学校学习，学习的结果通过测验和考试来衡量。而正念冥想则完全不同，孩子们是以适合自己的节奏学习自己需要的东西。我们并不总能看到发生了什么，因为人的心理和情绪的发展过程是内在的。共情能力、勇气、韧性、同情心、专注力、情商、情绪管理能力，所有这一切都是不可见的，也无法通过考试来衡量。

另外，正念冥想的好处也不是练习之后立刻就能显现的。也许在几周，甚至是几个月后，在日常生活中某个不经意的时刻，你会注意到孩子的某个变化。

有关神经系统的科学研究证实，如果儿童参加为期 8 周、每周一次的正念课程，大脑中负责执行功能（如计划、组织、自我管理、解决问题、创造性思维）的某些区域便能得到开发，孩子的共情能力和自信也会得到提升。种子需要水和阳光的滋养才能生长，同样的道理，我们的孩子需要陪伴和关注才能茁壮成长。

只要你有足够的耐心等待，随着孩子慢慢长大，他们隐藏的天分和优点将会呈现在你的眼前。或许并不明显，或许不会如你希望的那么快发生，但是在你的指导下，假以时日，真正的改变肯定是会发生的。

这是一个持续一生的过程！

一天，一个孩子对我说："我第一次意识到我的脚趾总是在鞋子里面动来动去，就好像它们很紧张似的。现在，当我注意到它们在动的时候，我可以通过呼吸来控制它们。这让我的整个身体都变得平静而安宁。这种感觉太棒了！"

一位接受过我培训的女教师曾向我讲述了她是怎样回应一个在课堂上大哭的4岁小男孩的。小男孩手指受了点伤，可他哭喊的样子仿佛有一头狮子正在追赶他。他哭个不停。女教师在他旁边坐了一会儿，把他小小的、受伤的手指握在自己手里，看着他的眼睛，问道："或许你想跟我讲一讲你为什么哭得这么厉害？"在这个共情的时刻，小男孩感受到了老师的陪伴，用害怕的、极小的声音问道："您知道我的爸爸妈妈为什么要离婚吗？"

## 一天中的正念小时光
## （写给家长和孩子）

· 充分利用早餐时光。细细地去观察、感受和品尝你面前的早餐。试着安安静静地吃一会儿，不要在一天的开始就急急忙忙的！

· 当你洗澡、刷牙、下楼梯、在街上走的时候，这些都是正念时刻。不要着急，关注自己的每一种感受。

·晚饭时间家人彼此分享自己一天经历的事情，要真正地注视和倾听对方。你越是忙碌，在这些时刻就越是要专心。倾听是一种选择，并不需要付出什么代价。被看见、被听到、被感受是人类最需要的一些体验。这些体验将使人铭记一生。

## 正念冥想对儿童的大脑有什么影响

同青少年及成人一样，即使是上幼儿园和小学的儿童也会有压力。肚子疼、头疼、恶心，都是压力的表现形式。在我们一生中的前10年，大脑的发育速度是飞快的，同时它也很脆弱，可能会受到一些压力的影响。大脑的一些重要区域，特别是与冲动控制、时间管理、工作记忆和情绪管理等功能相关的区域，其功能在压力的影响下都可能会快速消退，更不用说自信心和人际交往能力了。在正念冥想的作用下，人的这些能力会变得更加稳定。先从"暂停键"练习开始：面对紧张的情况，每当我们想争吵、喊叫、逃跑或责备的时候，"暂停键"都可以让我们停下来。每一个正念时刻都能释放出一个空间，让我们在"和平"与"战争"之间做选择。我们无法让孩子不面临压力，但我们可以教孩子如何应对压力。

## 正念冥想的长期影响如何呢

正念冥想能够帮助孩子面对生活中的各种问题和困难。它是工具，也是解决方案指导，让人理解、管理和解决复杂的问题。它能帮助孩子明确自己想要（或需要）的是什么，并为实现目标而做好准备。它能提升人的自信心、同理心和社交能力。它让人学会退后一步，从"本能反应"模式转为"感受—应答"模式。

## 怎样鼓励孩子参加这些练习

　　孩子并不总能很好地倾听，但他们很会模仿。所以，给孩子树立榜样很重要！作为家长，如果你懂得保持温和，对任何事情都不急于做出判断，如果你能真正地倾听和理解孩子，他的同理心也会得到充分发展。真实而有爱的教育培养不出坏孩子，反之亦然。家长就像一面镜子，如果你懂得关注、倾听和关心，孩子就会自然地模仿你，也会模仿你面对困难时的行为和做法。

# 12

# 一起来玩吧

家长也许会希望让自己的声音陪伴孩子进行正念冥想。一些家长问我能否提供音频的文本。在本书的最后，为大家献上最后一个练习——"睡个好觉"的完整文本。

当你难以入睡的时候，你会发现脑海中想的是白天发生的不愉快的事情。你遇到困难了吗？有什么事情困扰着你吗？你的"想法工厂"还在工作，就在脑海深处，它还十分地清醒。想要入睡吗？在床上舒舒服服地躺下来吧。选一个你最喜欢的姿势：仰卧、侧卧、或者趴着，或者像一只伸展四肢、呼呼大睡的猫咪一样躺着。你的肌肉放松且柔软。闭上眼睛。躺好之后，平静地观察脑海中出现的想法。

你的想法在说些什么？把它们当成一部带着字幕的电影，看一看这部电影吧。字、词、句子，画面和想法不断地出现。一些想法很有趣，让你忍不住笑出来；还有一些想法很可恶。它们有时令你很生气，有时又很友善。你如果足够地平静，就能听到这些想法。听一听它们在说些什么。不要相信或者听从你的所有想法，它们并非无所不知。它们只是一些想法而已，没有别的。

当你变得更加平静，你就能观察到想法为何会无端地突然出现。它们停留一会儿，然后又消失。它们继续不停地来了又走，直到你决定不再去听从它们，而是慢慢地把注意力从大脑转移到腹部。你的腹部里面没有想法。所以，慢慢地，让注意力从大脑来到腹部吧。在你的腹部深处，一切都很平静。

如果你愿意，你可以把双手放到腹部，并让它们停留一会。这里远离大脑，你可以觉察到腹部起起伏伏的呼吸运动，一起一伏，一起一伏。仔细感受腹部温柔的运动，温柔的呼吸。什么也不要做。腹部里面没有念头，你只需要观察腹部，它自己就会起起伏伏。在你的腹部，一切都很安静。烦恼无法到达这里。在你的腹部，只有平静。争论无法到达这里。感受腹部的呼吸，让自己进入这种强有力的平静状态，准备迎接睡眠的到来。你累了，让平静的呼吸到来吧。

# 致谢

感谢我的丈夫亨克，我的孩子汉斯、安妮·梅林、科恩和里克，感谢他们相亲相爱并关爱他人，在任何时候都能接纳、安慰和鼓励他人。

感谢维姆、威利·范迪克、亨克·詹森、乔岚·道韦斯、利奥·布拉斯、贝亚·范博斯丹登，阿默斯福特和勒斯登几所学校的师生及领导耐心、无条件的信任和支持，这使我备受鼓舞。是他们说服我写这本书。感谢米丽娅姆·勒斯特为本书设计版式。衷心感谢他们的帮助。

# 参考文献

• Fontana, David & Slack, Ingrid (2007)
Teaching Meditation to Children : The Practical Guide to the Use and Benefits of Meditation
Techniques. Watkins, 240 p.

• Kabat-Zinn, Jon (1996) Où tu vas, tu es.
J.-C. Lattès. Rééd. J'ai lu (2005), 280 p.

• Kabat-Zinn, Jon (2009) L'éveil des sens. Vivre l'instant présent grâce à la pleine conscience.
Les Arènes, 450 p.

• Kabat-Zinn, Jon (2010) Méditer : 108 leçons
de pleine conscience. Les Arènes, 160 p.

• Kabat-Zinn, Myla & Kabat-Zinn, Jon (2012) À chaque jour ses prodiges - Être parents en pleine conscience. Les Arènes, 330 p.

# 网络资源推荐

**正念教育科学院（L'Académie pour l'enseignement de la pleine conscience）**

如果你希望学习"艾琳·斯奈儿法"，你可以求教于法国正念教育科学院。该机构面向儿童教育工作者，所提供的培训面向全球各国，在巴黎、波尔多、里尔和布鲁塞尔使用法语授课。有关培训、视频、日程安排等更多信息，可访问：

http://www. elinesnel.com/fr/formation-amt/

**儿童和专注力协会（L'association Enfance et attention）**

该协会致力儿童和青少年正念发展。在这里，你可以找到面向儿童教育工作者的课堂活动，网址：http://enfance-et-attention.org

**正念发展协会（Association pour le développement de la mindfulness, ADM）**

提供面向成人的正念冥想基本信息，官网：https://www. association-mindfulness. org/

# 超值附赠 **15** 个音频练习
## （封面扫码即得）

**1. 像青蛙一样坐定**

7 ～ 10 岁儿童基本冥想练习 10 分钟

**2. 小青蛙**

5 ～ 10 岁儿童基本冥想练习 4 分钟

**3. 关注呼吸**

适合 7 ～ 10 岁儿童 10 分钟

**4. 跟随呼吸去一个温暖的地方**

适合 5 ～ 10 岁及以上儿童 4 分钟

**5. 注意力的"小灯"**

适合所有年龄的儿童 5 分钟

**6. 意大利面试验**

5 岁及以上儿童的放松练习 6 分钟

**7. 穿越身体的旅行**

适合所有年龄的儿童 5 分钟

**8. 暂停键**

适合 7 ～ 12 岁儿童 4 分钟

**9. 急救不愉快的情绪**

适合 7 岁及以上儿童 6 分钟

**10. 安全岛**

适合所有年龄的儿童  6 分钟

**11. 想法工厂**

适合 7 岁及以上儿童  5 分钟

**12. 小小提神剂**

适合 5 ～ 12 岁儿童  4 分钟

**13. 心灵之宝**

适合 7 ～ 12 岁儿童  5 分钟

**14. 幸福之鸟**

适合 7 ～ 12 岁儿童  4 分钟

**15. 睡个好觉**

适合所有年龄的儿童  6 分钟

　　青蛙是一种奇怪的动物。它可以不停地跳跃，也可以静止不动。它能觉察到周围发生的一切，但并不是每一次都会做出反应。它只是安静地呼吸。这样，青蛙既不会觉得累，也不会受到大脑中各种想法的干扰。它总能保持冷静。当它呼吸的时候，它能完全保持安静。它的肚子总是这样升起来又降下去。

　　青蛙的这种做法，我们也可以做到。你唯一需要做的就是集中注意力，把注意力放在你的呼吸上，保持专注和冷静。

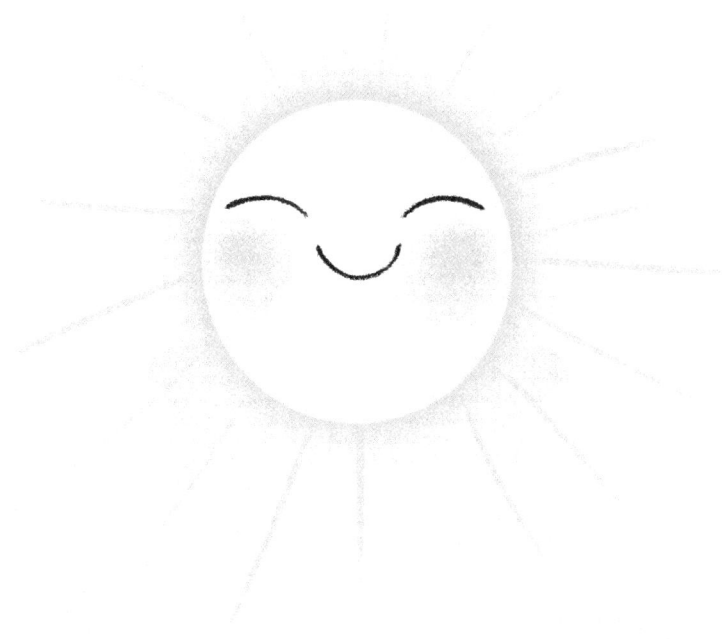

提示　/　/　笔记

🐱 总结

提示　　/　　/　　　笔记

🏰 总结

提示　／　／　笔记

🪶 总结

提示　/　/　　笔记

🐜总结

提示　　/　　/　　笔记

🐾 总结

提示　　/　　/　　| 笔记

**总结**

提示　　/　　/　　笔记

总结

提示 　/　/　　　笔记

总结

提示　　/　　/　　　笔记

总结

提示　　/　　/　　｜　笔记

🐜总结

提示　　/　/　｜笔记

🐾 总结

提示　　/　　/　　｜笔记

🐾 总结

提示　　/　　/　　｜　笔记

🔔总结

提示　　/　　/　　笔记

🐸 总结

提示　　/　　/　　笔记

📌 总结

提示　　/　　/　　笔记

🐱 总结

提示　　/　　/　　笔记

🐾 总结

提示　　/　/　　笔记

总结

提示 　/　/　　笔记

总结

提示　　/　　/　　| 笔记

🏛 总结

提示　　/　　/　　笔记

🗝 总结

提示　　/　　/　　　　笔记

🐛总结

提示　　/　　/　　| 笔记

🐾 总结

笔记

🐜 总结

提示　/　/　　笔记

🐱 总结

| 提示　　/　　/ | 笔记 |
|---|---|

🐾 总结

| 提示　　/　　/ | 笔记 |
|---|---|

🐾 总结

提示　　/　　/　　笔记

🕮 总结

| 提示　/　/ | 笔记 |
|---|---|
| | |

🐾 总结

提示　　/　　/　　笔记

总结

提示　／　／　　笔记

提示　　/　　/　　｜　笔记

总结

提示　　/　　/ 　　　笔记

🐸 总结

提示　　/　　/　　｜　笔记

🔖 总结

| 提示 / / | 笔记 |
|---|---|

**总结**

提示　　/　/　笔记

🐾 总结

| 提示　/　/ | 笔记 |
|---|---|

**总结**

提示　　/　　/　　笔记

🦶总结

提示　　/　　/　　　笔记

🐱 总结

提示　　/　　/　　　笔记

🐱 总结

提示 　/　/　　｜　笔记

🐱 总结

提示　　/　　/　　｜　笔记

🔖 总结